进阶式对外汉语系列教材

A SERIES OF PROGRESSIVE CHINESE TEXTBOOKS FOR FOREIGNERS

成功之路

ROAD TO SUCCESS

提高篇·听和说

LOWER INTERMEDIATE Listening and Speaking

主　　编　邱　军
副 主 编　彭志平
执行主编　胡　波
编　　著　王俊毅
　　　　　连　敏

ROAD TO SUCCESS
A SERIES OF PROGRESSIVE CHINESE TEXTBOOKS FOR FOREIGNERS

北京语言大学出版社
BEIJING LANGUAGE AND CULTURE UNIVERSITY PRESS

图书在版编目(CIP)数据

成功之路 . 提高篇 . 听和说 / 胡波主编 . -- 北京：
北京语言大学出版社，2013.8（2023.9 重印）

ISBN 978-7-5619-3573-6

Ⅰ. ①成… Ⅱ. ①胡… Ⅲ. ①汉语—听说教学—教材
Ⅳ. ① H193.2

中国版本图书馆 CIP 数据核字（2013）第 188772 号

书　　名：成功之路　提高篇 · 听和说
CHENGGONG ZHI LU　TIGAOPIAN · TING HE SHUO
责任印制：周　燚

出版发行：北京语言大学出版社
社　　址：北京市海淀区学院路 15 号　**邮政编码**：100083
网　　址：www.blcup.com
电　　话：发行部　82303650 / 3591 / 3648
编辑部　82303647 / 3592 / 3395
读者服务部　82303653 / 3908
网上订购电话　82303908
客户服务信箱　service@blcup.com
印　　刷：天津画中画印刷有限公司
经　　销：全国新华书店

版　　次：2013 年 8 月第 1 版　　2023 年 9 月第 6 次印刷
开　　本：889 毫米 ×1194 毫米　1/16
印　　张：课本 9.75 / 听力文本及练习参考答案 4.75
字　　数：296 千字
书　　号：ISBN 978-7-5619-3573-6 / H · 13149
定　　价：68.00 元

PRINTED IN CHINA

前　言

《成功之路》是一套为母语非汉语的学习者编写的对外汉语教材。这套教材既适用于正规汉语教学机构的课堂教学，也可以满足各类教学形式和自学者的需求。

《成功之路》为教学提供全面丰富的教学内容，搭建严谨规范的教学平台。学习者可获得系统的汉语言知识、技能、文化的学习和训练。同时，《成功之路》的组合式设计，也为各类教学机构和自学者提供充分的选择空间，最大程度地满足教学与学习的多样化需求。

◆ 架构

《成功之路》全套22册。按进阶式水平序列分别设计为《入门篇》、《起步篇》、《顺利篇》、《进步篇》、《提高篇》、《跨越篇》、《冲刺篇》、《成功篇》。其中《入门篇》为1册；《进步篇》综合课本为3册，《进步篇·听和说》、《进步篇·读和写》各2册；《提高篇》、《跨越篇》综合课本各2册，《提高篇·听和说》、《跨越篇·听和说》各1册；其余各篇均为2册。篇名不但是教学层级的标志，而且蕴含着目标与期望。各篇设计有对应层级和对应水平（已学习词汇量），方便学习者选择适合自己的台阶起步。

进阶式对外汉语系列教材《成功之路》阶式图

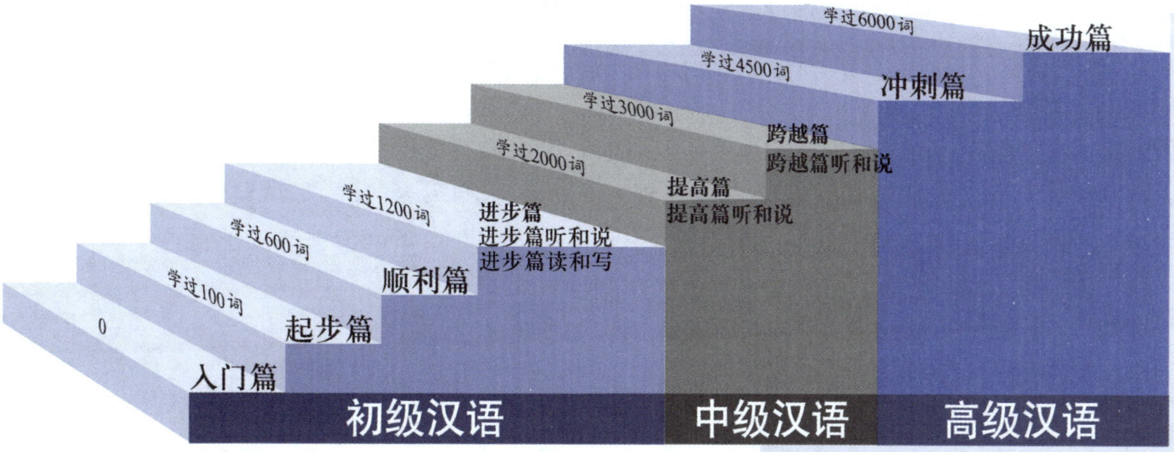

学习者选择教材参照表：

学习起点参照等级			适用教材
已学习词汇量	新汉语水平考试等级（新HSK）	欧盟语言框架等级（CEF）	
0			《入门篇》
100 词左右	新 HSK 一级		《起步篇》
600 词左右	新 HSK 二级、三级		《顺利篇》
1200 词左右	新 HSK 四级	A1	《进步篇》
2000 词左右	新 HSK 四级、五级	A2	《提高篇》
3000 词左右	新 HSK 五级、六级	B1	《跨越篇》
4500 词左右	新 HSK 六级	B2	《冲刺篇》
6000 词左右		C1	《成功篇》

◆ 依据

《成功之路》以“国家汉办”的《高等学校外国留学生汉语教学大纲（长期进修）》（简称《大纲》）为基本研制依据，采用自行研制的编教软件，对《大纲》的语言点（项）、词汇、汉字等指标进行穷尽式覆盖，以保证教材的科学性、系统性、严谨性。编写者还根据各层级学习和教学的需求，对《大纲》的部分指标进行必要的调整，其中高级汉语部分增删幅度较大。另外，对各类汉语学习者随机调研的结果以及相关精品教材的研究成果也是《成功之路》的重要研制依据。

◆ 理念

《成功之路》以“融合、集成、创新”为基本研制理念。作为一套综合性教材，其内涵的多样性决定理念的集成性，不囿于某一种教学法。因此，编写者根据所编教材的特性，分析融合相关的研究成果，集多家之成，纳各“法”之长。

创新是《成功之路》的重要研制理念，全套教材的每篇每册都有创新之处。创新点根据需要或隐含或显现，从中可见编写者的匠心。“易学、好教”是《成功之路》的研制目标，为实现此目标，尊重学习者的反馈和从教者的经验自然也是编写者的重要研制理念。

◆ 特点

《成功之路》作为一套诞生于新世纪的对外汉语教材，在“传承与创新”“关联与独立”“知识与技能”“语言与文化”“二维与多维”诸方面融入了编写者更多的思考和实践。限于篇幅，略加说明。

1. 传承与创新

《成功之路》从对外汉语教学的沃土中汲取丰富的营养，植根于它的发展，受益于它的进步。编写者将成功的教学经验、教学模式和研究成果带入教材，使《成功之路》更符合学习者的语言认知规律，更有助于学习者掌握和应用。如:《入门篇》、《起步篇》、《顺利篇》都以“讲练”的形式呈现，便是采纳对外汉语教学早期的“讲练模式”。这种更适宜初学者的编写设计，已经为多年的教学成效所证明。

《成功之路》在传承的基础上力求创新，篇篇都有创新点。如:《起步篇》和《顺利篇》改变以往语言点的描述角度，变立足于教师的规则性语言为面向学习者的使用性语言，便于学习者理解和运用。《提高篇》和《跨越篇》设计了语素练习项目，强化语素的辐射生成作用，增强学习者的词汇联想能力，减少记忆负担，提高学习效率；还在多项练习中设置语境，为学习者提供丰富的语用场，提高其准确地遣词用句的能力，为日后学以致用增加助力。《冲刺篇》和《成功篇》针对高级阶段词语辨析的难点，设置“异同归纳”的板块，将规则说明和练习紧密结合，实现从理解到使用的有效过渡。

另外,《入门篇》的总分式语音训练,《进步篇·听和说》、《进步篇·读和写》的融合性技能训练,《提高篇》、《跨越篇》的听说式“课文导入”,《冲刺篇》、《成功篇》的分合式“背景阅读”等等，都彰显着编写者的创新性理念和实践性思维。

2. 关联与独立

《成功之路》进阶式系列教材，全套共分 8 篇，涵盖初级汉语、中级汉语和高级汉语。各篇之间的关系如同阶梯，具有依存性和关联性，便于配套使用。如：设计者将“语词→语句→语段→语篇”的教学任务，明确分布于不同层级，强调各自的练习方式，为学习者提供一个循序且完整的训练过程。

同时,《成功之路》各篇也相对独立，可以单独使用。如:《进步篇·听和说》、《进步篇 · 读和写》从内容到形式，都适合做专项技能训练的独立教材。这种关联与独立相结合的设计，使《成功之路》既能保持配套教材的系统性，又有独立教材的灵活性，免除捆绑式教材的羁绊，为学习者提供更多的选择。

3. 知识与技能

《成功之路》定位于综合性语言技能训练教材。全套教材以训练语言能力为显性设计，以传授语言知识为隐性设计。编写者将语言知识的学习隐含于语言技能训练的全过程。如:《起步篇》、《顺利篇》、《进步篇》尽量淡化语言点的知识性描述，代之以直观的插图、表格、练习等，以此引导教师最大限度地避免单纯的知识讲授。上述“三篇”在设计中兼顾话题单元和语言点顺序，巧妙地处理话题与语言点交集的难题，较好地解决了长期困扰初级教材编写的“带着镣铐跳舞”的问题。《提高篇》和《跨越篇》将语言知识蕴涵在课文和练习中，使学习者能通过有计划的练习和活动实现对知识的理解和运用。

《成功之路》遵循并实践第二语言教学的基本原理，精心设计并处理语言知识和语言技能的关系，帮助学习者在技能训练中学习知识，进而以知识学习提高技能水平，最终达到全面提高汉语交际能力的目的。

4. 语言与文化

《成功之路》既是语言资源，又是文化媒介。在选文和编写过程中，编写者追求文化含量的最大化。全套教材自始至终贯穿一条“文化现象→文化内涵→文化理解”的完整“文化链”。如：《入门篇》、《起步篇》、《顺利篇》、《进步篇》使用初级汉语有限的语言材料，尽可能多地展现文化点，使学习者在学习语言的同时，自然地感受和了解中国文化。《提高篇》和《跨越篇》在对课文材料选取和删改时，特别注意其中的文化含量，为学习者提供丰富多彩的文化内容。《冲刺篇》和《成功篇》选文讲究，力求文质兼美、具有典范性。其中文化理解的可挖掘性为高端学习者构建了探究中国文化深层内涵的平台。

与单纯讲授文化的教材不同，《成功之路》将文化内容寓于语言学习之中。语言提升与文化理解，二者相得益彰。

5. 二维与多维

《成功之路》利用现代科技手段，建造二维平面与多维立体相契合的“教学场”。多媒体课件的研制和使用，弥补了传统平面教材的局限。除了直观、形象、生动的特点外，还可以增强教师对教材的调整和控制能力。如：生词的闪现、语句的重构、背景的再现等，使讲授过程更加得心应手。《成功之路》的多媒体课件可以让教材内容延伸至课堂外，扩大教学空间，形成教师得以充分施展的广阔的“教学场”。

同时，《成功之路》多媒体课件中完整的教学设计和教学思路也是可资借鉴的教案。

◆ 结语

语言教学，可以枯燥得令人生厌，也可以精彩得引人入胜。究其缘由，教师和教材是主因。

期望《成功之路》能为学习者带来一份精彩。

主编
2013 年 6 月

目录

致学习者

这是一部训练听力理解和口语表达能力的中级汉语教材，由《提高篇·听和说》和《跨越篇·听和说》组成。

内容构成：

《提高篇·听和说》和《跨越篇·听和说》各有十二课和三个复习课。每课分为三个部分，即：学一学、听一听和说一说。“学一学”的内容为表达式和生词，“听一听”为跳跃障碍的听力理解练习和课文理解练习，“说一说”的内容为每课表达式的应用练习以及与本课话题相关的口语表达练习。

教材特点：

1. 内容量适中。本教材每课表达式和生词的数量比较合适，表达式 2~3 个，生词一般在 15 个以内，课文的长度为 500~600 字。我们认为这样可以让你有更多的时间和精力运用所学的知识进行口语表达练习，而且每堂课的内容都能在课上掌握并记住。

2. 练习项目充分。要想快速有效地理解并掌握学习内容，重要的是练习，所以本教材特别注重练习设计。这部教材的练习围绕表达式（其中也有一些重点词语）、课文和交际活动三大部分进行。我们先通过听的方式让你熟悉表达式怎么用和在什么情况下用，然后再通过完成对话练习检查对这些词语的掌握情况；课文的练习是先听后说，通过听了解课文的意思，通过说来熟记课文，并学习课文中的表达；交际练习是相对自由的口语表达练习，这个练习要求你根据所给题目，使用新的表达方式来表达自己的意思或进行交际对话。从这三个练习的设计可以看出，每个练习都是相互关联的，每完成一个练习，离本课的学习目标就会接近一步。

3. 文化内涵丰富。我们希望这套教材能为你创造轻松有趣的学习氛围，并使你在提高语言能力的同时，尽可能多地了解中国人的思想，所以在编写课文时，我们更多关注的是与现代年轻人生活相关的问题以及社会上比较有影响的事件，你可以了解到中国社会人与人相处的方式，中国人对待事物的看法。比如：现在青年人的生活态度、为什么中国人感到拒绝别人很难、大龄未婚青年面临的压力、外国人看歌剧要安静而中国人看京剧可以大声叫好、中国父母对孩子是怎样的一种爱等等，这些内容会让你感到很有意思。

4. 学习和复习兼顾。我们认为在学习过程中复习和巩固是不可缺少的，每隔一段时间就应该停下来，把前面的内容消化一下，所以本教材每四课安排了一个复习课，也可以说是一次小考试。在复习课中，我们采用听和说的方式复习之前四课中的表达式、重点词语和课文内容，通过复习，你可以检查一下自己的学习情况，发现不足。

这部教材是我们四位编者用三年的时间，经过多次试用修改最终完成的。我们编者都是从事多年汉语教学、经验丰富的教师，非常了解中级阶段学习者的语言水平，熟悉你们的需要，所以我们相信这部教材一定会让你们满意。

执行主编　胡波

2013 年 2 月于北京

1 吃喝玩乐

讨论

1. 你对中国的饮食习惯吗？你会做中国菜吗？
2. 来中国以后，你的生活有什么改变？有没有新的兴趣爱好？

第一部分

学一学　录音 01

口语表达

不光……还……　bùguāng……hái……

翻译	not only...but also...
解释	用法同“不仅……还……”、“不但……而且……”。
例子	1. 他不光是我的老师，还是我的朋友。 2. 他不光会下围棋，还是学校围棋协会的负责人呢。

对了　duìle

翻译	*used when one suddenly remembers sth. or to add sth.*
解释	用于补充忽然想起的事。
例子	1. A：明天我们几点出发？ B：明天早上我给你打电话吧。对了，别忘了准备好照相机。 2. A：出差要用的资料都准备好了吧？ B：都准备好了，您放心吧。对了，这是您的机票。

哪儿啊 nǎr a

翻译	*expressing a denial*
解释	不是这样的，用于否定对方的说法。
例子	1. A：房间布置得真漂亮啊，你真能干！ B：哪儿啊，这都是我妈妈收拾的，我可没时间。 2. A：假期玩儿得不错吧？ B：哪儿啊，工作忙了一个月，哪儿都没去成。

生　词

1	头脑	tóunǎo	（名）	main threads, clue
2	涮羊肉	shuàn yángròu		instant-boiled mutton
3	豆汁儿	dòuzhīr	（名）	fermented soy milk
4	麻豆腐	mádòufu	（名）	cooking starch residue, a material for making dishes
5	闹钟	nàozhōng	（名）	alarm clock
6	困	kùn	（形）	sleepy
7	被窝儿	bèiwōr	（名）	quilt folded to form sth. like a sleeping bag
8	娱乐	yúlè	（名、动）	amusement, entertainment; to amuse, to entertain
9	麻将	májiàng	（名）	mahjong
10	晕	yūn	（形）	faint, unconscious
11	热心肠儿	rèxīnchángr	（名）	warm-heartedness
12	拖	tuō	（动）	to pull, to drag

专有名词

1	红庙	Hóngmiào	Hongmiao, a place in Beijing
2	费城	Fèichéng	Philadelphia
3	波兰	Bōlán	Poland
4	捷克	Jiékè	Czech Republic

熟　语

摸不着头脑
mō bu zháo tóunǎo
cannot make head or tail of sth., to be puzzled

指弄不清是怎么回事。
例：他怎么了？问他半天也不说话，真让人摸不着头脑。

听一听

热　身

一、听小对话，选择正确答案　　录音 02

1. A. 从不锻炼
   B. 以前不锻炼
   C. 结婚以后锻炼
   D. 现在不常锻炼

2. A. 他现在很忙
   B. 他不会客气的
   C. 他不等女的
   D. 他不是外国人

3. A. 张元是他哥哥
   B. 张元是他的老朋友
   C. 他不认识张元
   D. 他跟张元是在国外认识的

4. A. 邻居们都很热情
   B. 邻居家很热
   C. 邻居家的孩子很热情
   D. 学校里有她的邻居

5. A. 他不敢说话
   B. 他发音不好
   C. 他嗓子不好
   D. 他身体不好

6. A. 老板记忆力不好
   B. 不知道老板怎么了
   C. 老板心情不好
   D. 老板脾气不好

7. A. 男的口语不好
   B. 男的听力不好
   C. 男的在国外住过一年
   D. 男的准备到国外住

8. A. 爬山
   B. 看电影
   C. 去图书馆
   D. 哪儿也没去

二、下面你将听到一句话，听后请做出恰当的应答　录音 03

1. ____（不光……还……）
2. ____（不光……还……）
3. ____（哪儿啊）
4. ____（哪儿啊）
5. ____（对了）
6. ____（对了）

课　文　吉姆在北京　录音 04

● 背景提示

在中国，有这样一群外国人，他们不仅是来学习汉语的，也不仅是来工作的，而是把家搬到了这里，汉语成了他们的第二语言，中国成为了他们的第二故乡。吉姆就是这样，在北京住了好几年了，他从来不把自己当外人，要是你问他从哪里来，他一准儿会回答“我是红庙的”，让人摸不着头脑。

一、听课文，回答问题

1. 吉姆是哪里人？

____

2. 他喜欢的饮食有哪些？

____

3. 他的业余爱好有哪些？

____

4. 为什么说他是热心肠儿？

____

二、听课文，判断正误

1. 吉姆在北京待了六年了。 (　　)
2. 他跟姐姐学会了做麻豆腐。 (　　)
3. 他每天早上三点起床打太极拳。 (　　)
4. 他在网上学会了打麻将。 (　　)
5. 有一次他跟别人练武术时被打晕了。 (　　)
6. 有一个朋友看见一个美女，扔下吉姆就走了。 (　　)
7. 他帮那个女孩儿把箱子从车上拿下来。 (　　)

三、以下是吉姆在北京做的事情，你有兴趣试试吗？

打麻将

打太极拳

涮火锅

做麻豆腐

喝豆汁儿

四、从下面几个方面，用吉姆的语气说说“他”自己的情况

1. 介绍自己是哪儿人。
2. 介绍自己在北京的饮食。
3. 介绍自己在北京的兴趣爱好。
4. 介绍自己的“热心肠儿”。

第二部分

学一学 录音 05

口语表达

可 kě

翻译	*used as an adverb to emphasize that one has a different opinion, situation or decision*
解释	副词"可"可以用来表示强调，强调有自己不同的观点、情况或决定。
例子	1. A：今天咱去颐和园逛逛吧，天气这么好，花儿也都开了。 B：今天我可没时间，我得加班呢。 2. A：我最喜欢唱卡拉 OK 了，什么时候我们一起唱。 B：我可不会唱歌，我一唱歌，你们都得跑。

谁都 / 也不……谁 shéi dōu / yě bù……shéi

翻译	not...each other (e.g. 谁也不理谁：not speak to each other)
解释	大家互相都不……。
例子	1. 他们俩吵架了，现在谁都不理谁。 2. 我们每个人都有自己的工作，谁也不能代替谁。

……倒是……，可是…… ……dàoshì……, kěshì……

翻译	sth. is (good), but...
解释	"倒是"表示同意对方的看法，"可是"表示转折，从另一方面表达不同的看法。
例子	1. A：周末我们去看电影吧。 B：看电影倒是不错，可是周末多贵啊！ 2. A：去中国出差的事，就让麦克去吧。 B：麦克汉语倒是不错，可是他对这个工作不太了解啊。

生　词

1	泡（吧）	pào（bā）	（动）	to indulge oneself for a long time in (bars)
2	新鲜	xīnxiān	（形）	new, original
3	五音不全	wǔyīn bù quán		can't carry a tune
4	跑调儿	pǎo diàor		out of tune
5	麦霸	màibà	（名）	karaoke king/queen
6	健身	jiànshēn	（动）	to keep fit, to keep in good health
7	双休日	shuāngxiūrì	（名）	two-day weekend
8	保龄球	bǎolíngqiú	（名）	bowling
9	干脆	gāncuì	（副、形）	simply, just; straightforward
10	抓阄（儿）	zhuā jiū（r）		to draw lots

专有名词

后海　Hòuhǎi　Houhai, a lake (in Beijing) and its surrounding area

熟　语

露一手
lòu yìshǒu
to show one's abilities or skills

显示自己的能力或手艺。
例：明天你们去我家吃饭，我给你们露一手。

听一听

课　文　周末做什么　录音 06

● 背景提示

随着生活节奏的加快，人们越来越期盼周末的到来，可以好好放松一下。有的人喜欢在家里休息，有的人喜欢去郊外走走，有的人喜欢跟朋友聚一聚。你周末喜欢做什么呢？

一、听课文，选择正确答案

1. A. 去海边
   B. 去酒吧
   C. 跳舞
   D. K 歌

2. A. 酒吧去得太多了
   B. 他没去过酒吧
   C. 他不会唱中国歌
   D. 他五音不全

3. A. 唱歌不新鲜
   B. 她喜欢当听众
   C. 她是个麦霸
   D. 她唱得不好

4. A. 音乐太吵了
   B. 跳舞太贵了
   C. 她不想当听众
   D. 跳舞可以健身

5. A. 跳舞
   B. 唱歌
   C. 去酒吧
   D. 没决定

二、听课文，回答问题

周末男的想去做什么？女的有什么意见？她想干什么？

男的想……	理由	女的的意见
	一边……一边……	泡吧
唱歌	露一手	
跳舞	健身	
看电影	大片儿	
女的想……		

三、跟你的朋友商量周末要做的事

参考表达：

不光……还……	谁都/也不……谁
对了	可
哪儿啊	……倒是……，可是……

说一说

一、根据所给情景和提示完成对话

A：终于周末了，咱们几个明天一起去郊外逛逛怎么样？

B：你们好好玩儿吧，________________________。（可）

A：怎么？周末还加班？

B：________________________。（哪儿啊）

A：辅导？周末都不给孩子放假啊？带孩子一起去玩儿玩儿多好。

B：平时没时间管孩子学习，周末得给他辅导辅导啊。

A：我看啊，你们这些家长自己活得累不说，那么小的孩子也得跟着你们累。

B：我________________________，可是将来考不上大学怎么办？（倒是）

A：这么小的孩子就要想着考大学啊？________________________？（对了）

B：都十岁了。

A：才十岁，现在的孩子真可怜啊！我们十岁的时候，天天满大街跑着玩儿呢。

B：你说得也是啊，自从他上学以后，都没怎么带他出去玩儿过。

A：所以啊，周末该玩儿就玩儿嘛，一家人一起出去玩儿玩儿，对孩子更好地学习是有好处的嘛。

二、小组活动

四个人一组，分别扮演下面的角色，进行关于业余生活内容的采访。

角色：1. 记者

2. 留学生（二十岁，在中国生活了一年）

3. 公司白领（三十岁，已经工作五年，收入不错，工作很忙，经常加班）

4. 公务员（二十八岁，收入一般，工作不太忙）

参考表达：对了　　哪儿啊　　……倒是……，可是……

可　　不光……还……

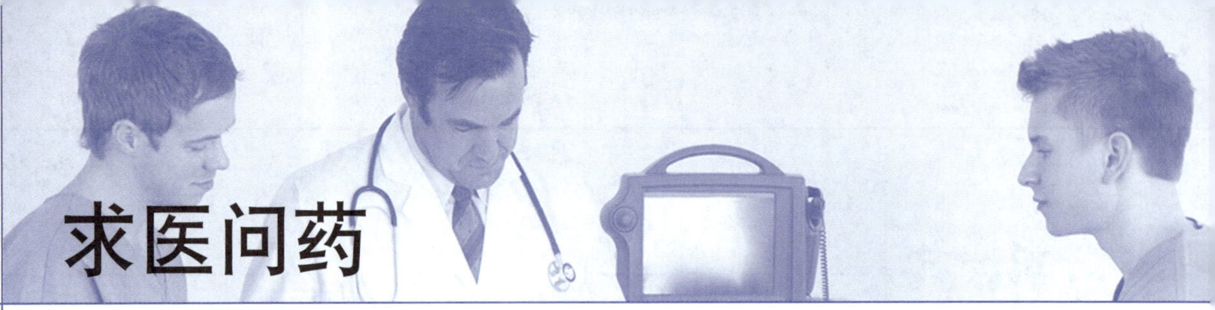

2 求医问药

讨 论

1. 你去过中国的医院吗？去医院看病应该怎么做？
2. 你觉得最影响健康的习惯是什么？应该怎么改变这个习惯？

第一部分

学一学 录音07

口语表达

别提了 bié tí le

翻译	(*expressing disappointment or sadness*) never mention it again
解释	表示说话人对这个话题所谈的内容很失望或者很难过，不愿再谈起，就是“不要再说了”。
例子	1. A：怎么样？这次考试考得不错吧。 B：唉，别提了。 2. A：旅行很开心吧？ B：别提了，一到上海就病了。

再说 zàishuō

翻译	besides, what's more
解释	进一步说明，补充说明。
例子	1. A：你也别老在家里待着，出去走走，散散步。 B：外边那么冷，再说我的活儿还没干完呢。 2. A：你得把作业做完再去看电视。 B：等我做完作业动画片就完了，再说明天又不上学。

一……就是…… yī……jiù shi……

翻译	*meaning that once a situation occurs, it will be in a high degree, last for a long time or be numerous and so on*
解释	表示某种情况一旦出现，程度就很高或者时间很长、数量很多等。
例子	1. 他经常出差，一走就是一两个月。 2. 他参观过我们公司以后就签了合同，一签就是 800 万。

生　词

1	不对劲（儿）	bú duìjìn（r）		something's wrong, not feel well
2	路边摊（儿）	lùbiāntān（r）	（名）	roadside stall
3	麻辣烫	málàtàng	（名）	hot spicy dip(s), food on sticks instantly boiled in hot spicy soup
4	煮	zhǔ	（动）	to boil, to cook, to stew
5	细菌	xìjūn	（名）	germ, bacterium
6	扛	káng	（动）	to carry on one's shoulder, to bear, to tolerate
7	懒得	lǎnde	（动）	to be disinclined (to do sth.)
8	打点滴	dǎ diǎndī		to have an intravenous drip

熟　语

不（没）当回事儿
bú（méi）dàng huí shìr
(did) not take seriously

表示对某人或某事不重视、不在乎，没有严肃对待。常用格式是“不把……当回事儿”、“没把……当回事儿”、“不拿……当回事儿”、“没拿……当回事儿”等。

例 1：我当时年轻，身体好，头疼了一个月也没当回事儿。

例 2：很多父母常说，小孩子懂什么？其实，孩子也有自己的看法，父母不能对孩子的想法不当回事儿。

听一听

热身

一、听小对话，选择正确答案　录音 08

1. A. 男的挂号很顺利
   B. 男的没挂上号
   C. 男的想挂普通号
   D. 男的没挂上专家号

2. A. 又病了
   B. 减肥了
   C. 又胖了
   D. 太瘦了

3. A. 心情不太好
   B. 刚从医院回来
   C. 身体不舒服
   D. 请假了

4. A. 没时间
   B. 男的不喜欢狗
   C. 要花不少钱
   D. 小朋友会害怕

5. A. 他能坚持
   B. 他要请假
   C. 他想换工作
   D. 他不累

6. A. 他希望大家帮帮忙
   B. 他不喜欢让别人帮忙
   C. 他觉得别人帮不了他
   D. 他最近太忙

7. A. 他不愿意去买衣服
   B. 他不愿意去换衣服
   C. 他不愿意把衣服给女的的弟弟
   D. 他不愿意穿那件衣服

8. A. 家里事儿很多
   B. 玩儿两天时间太长了
   C. 她有很多工作要做
   D. 她没在家

二、下面你将听到一句话，听后请做出恰当的应答　录音 09

1. ________________________________（别提了）
2. ________________________________（别提了）
3. ________________________________（再说）
4. ________________________________（再说）
5. ________________________________（一……就是……）
6. ________________________________（一……就是……）

课文　看病　录音 10

背景提示

马克这两天拉肚子。他来中国半年了，还从来没去过中国的医院，他听说北京的医院看病挺麻烦的，所以不愿意去。可是这次……，好像不去不行了。早上，马克遇见了中国朋友小李。

一、听课文，回答问题

1. 马克怎么了？

____

2. 他为什么会得病？

____

3. 他决定怎么办？

____

二、听课文，选择正确答案

1. A. 拉肚子
   B. 感冒
   C. 脸破了
   D. 要考试

2. A. 天气太热了
   B. 小摊儿人很多
   C. 他觉得食物煮熟就没有细菌了
   D. 他知道小摊儿很卫生

3. A. 他觉得不用去
   B. 他很懒
   C. 他想再看一看情况
   D. 他没时间

4. A. 过了两天就好了
   B. 住了一个星期院才好
   C. 扛了一个星期就好了
   D. 打了两天点滴才好

5. A. 大医院的号
   B. 大医院的普通号
   C. 大医院的专家号
   D. 小医院的号

三、根据提示词，用马克的语气说说“他”自己的情况

路边摊儿	不对劲儿	拉肚子	懒得	扛
没当回事儿	谁知道	挂专家号	一大堆药	

第二部分

学一学　录音11

口语表达

得……不是？　děi……bú shi?

翻译	have to..., right?
解释	反问句式，意思是应该做某事，需要做某事。
例子	1. A：啊？今天去商场啊？ B：是啊，周日回国，得买点儿礼物不是？ 2. A：烦死了，我真的不想再去找工作了。 B：再烦也得找啊，你总得独立生活不是？

要说……　yào shuō……

翻译	speaking of
解释	表示提起某件事或某个人。

例子	1. A：北京最近挺冷的。 B：要说冷啊，哈尔滨可比北京冷多了。 2. A：老师，我们家小明最近成绩不太好吧？ B：要说小明这孩子挺聪明的，就是注意力不够集中。

生　词

1	烟民	yānmín	（名）	smoker
2	烟瘾	yānyǐn	（名）	craving for tobacco, tobacco dependence
3	二手烟	èrshǒuyān	（名）	second-hand smoke
4	求助	qiúzhù	（动）	to seek help, to ask sb. for help
5	尼古丁	nígǔdīng	（名）	nicotine
6	心瘾	xīnyǐn	（名）	psychological addiction
7	打火机	dǎhuǒjī	（名）	lighter

熟　语

不是个事儿 bú shì ge shìr not a good behavior/situation	对某种做法、情况表示反对或者否定。 例：你得赶快找个工作啊，老吃父母的也不是个事儿啊。

听一听

课文　戒烟　录音 12

● 背景提示

5 月 31 日是世界无烟日。现在，人们对吸烟带来的问题越来越重视，很多人想戒烟却戒不了。录音中的这位烟民就通过电话向专家说出了自己的烦恼。

一、听课文，判断正误

1. 这位烟民吸烟十几年了。 (　　)
2. 他的家人让他到阳台上吸烟。 (　　)
3. 他很年轻，所以觉得自己应该戒烟。 (　　)
4. 大部分烟民戒烟很难，并不是因为他们对尼古丁上瘾。 (　　)
5. 能不能戒烟，心理问题比生理问题更重要。 (　　)
6. 吃完早饭就急着抽第一根烟，说明这个人是重度烟瘾。 (　　)
7. 一下子戒烟很难的话，可以慢慢减少抽烟的数量。 (　　)

二、听课文，回答问题

1. 对于抽烟的问题，这位烟民的家人是什么态度？他自己怎么想？

____

2. 专家认为戒烟主要难在什么地方？

____

3. 怎么判断自己的烟瘾程度？

____

4. 戒烟有什么好方法？

____

三、讨论

你抽烟吗？你的家人抽烟吗？你觉得戒烟有什么好方法？如何劝你周围的人戒烟？

说一说

一、根据所给情景和提示完成对话

A：张敏，你最近脸色可不怎么好，生病了吗？

B：去医院看了看，大夫说也没什么病，让我好好休息休息。

A：亚健康吧？现在你们这些白领啊，大部分都是亚健康，得注意锻炼身体啊！年轻的时候，都不重视锻炼，到老了，后悔就晚了。

B：______________________________。（别提了）

A：______________________________。（要说）

可是正因为忙，工作辛苦，才更得注意身体啊。

B：道理我也明白，可我们这工作，每天下班回家都八九点钟了，谁还有力气锻炼身体啊。______________________________。（再说）

A：早上呢？

B：早上______________________________。（懒得）

A：周末总有时间吧？办张卡，去健身房啊！

B：健身房啊，我半年前就办了卡，打算周末去练练，可是一到周末就想睡觉，再说，______________________________？（得……不是）

A：你呀，再怎么样也得找时间锻炼，身体可是最重要的，______________________________。（不当回事儿）

二、小组活动

1. 心理健康是健康中不可缺少的一个部分，现代人因为各种各样的原因，心理问题越来越突出，在大学生中同样存在这个问题。假设你的一个同学因为失恋心情不好，你来安慰他。

参考表达：别提了　得……不是　再说　一……就是……　要说……

2. 辩论

家属在面对绝症（fatal illness）病人时会遇到一个问题：是不是应该告诉他们真实的情况呢？如果说了，他们的心情一定会很糟糕；如果不说呢，他们可能失去安排自己最后时间的机会。

辩论题目：家属应该告诉绝症病人真实病情吗？

正方：家属应该告诉绝症病人真实病情

反方：家属不应该告诉绝症病人真实病情

参考表达：别提了　再说　一……就是……　得……不是

要说……　不是个事儿

3 走南闯北

讨 论

你喜欢跟团旅行还是自由行？在旅行过程中，如何节约费用？

第一部分

学一学 录音 13

口语表达

拿……来说 ná……lái shuō

翻译	to take...as an example
解释	举例子，“比如”的意思。
例子	1. 这个班的孩子都有一技之长，拿王军来说，他最擅长的就是乒乓球。 2. 拿我来说，我还是比较喜欢跟团旅行。

直到……才…… zhídào……cái……

翻译	not...until...
解释	一直到（多指时间）。
例子	1. 他直到昨天才知道爷爷去世的消息。 2. 他直到五岁才开口说话。

说来也怪 shuō lái yě guài

翻译	it's really strange that...
解释	表示一件事让人感到很奇怪。
例子	1. 说来也怪，这孩子谁的话都不听，就听李老师的话。 2. 说来也怪，每次到这个地方，我总会遇到一些不愉快的事情。

生　词

1	关注	guānzhù	（动）	to pay close attention to
2	几率	jīlǜ	（名）	probability
3	尴尬	gāngà	（形）	embarrassed
4	登机牌	dēngjīpái	（名）	boarding pass
5	意识	yìshí	（动）	to realize, to become aware of
6	奏效	zòu xiào		to be effective

熟　语

1	杞人忧天 Qǐrén yōutiān to have unnecessary worries	比喻不必要的忧虑。 例：将来的事情谁也不知道，你不必太杞人忧天了。
2	脑子嗡的一下 nǎozi wēng de yíxià a sudden buzz attacks one's brain—to be taken aback	吃了一惊的感觉。 例：听到四川地震的消息，我的脑子嗡的一下，那时候我爱人正好在那里出差。
3	将错就错 jiāngcuò jiùcuò to leave a mistake uncorrected and go on with it	按照错误的方法继续下去。 例：这样做不太好，但也只能将错就错了。

听一听

热身

一、听小对话，选择正确答案　录音 14

1. A. 南方的一些中小城市
   B. 节奏快的城市
   C. 天气不冷不热的城市
   D. 四季如春的城市

2. A. 男的旅游经验丰富
   B. 旅行的时候什么也别做
   C. 女的永远不想旅行了
   D. 女的有丰富的旅行经验

3. A. 男的觉得孩子压力大
   B. 男的认为孩子身体不好
   C. 男的认为孩子工作太累
   D. 男的认为女的过分担心了

4. A. 女的想带男的去动物园
   B. 他们坐车坐过站了
   C. 他们去过动物园了
   D. 男的建议去植物园

5. A. 女的感冒了
   B. 男的感冒了
   C. 班里只有男的没感冒
   D. 朋友的建议没什么用

6. A. 男的没来过这家饭馆
   B. 上次在这里吃饭是朋友付的钱
   C. 男的觉得这家饭馆的菜很地道
   D. 男的在这家饭馆把钱包丢了

7. A. 女的去过西安
   B. 男的去年去过西安
   C. 女的没机会去西安工作
   D. 女的没去过西安

8. A. 男的现在很适应这里的生活
   B. 女的没想到能见到男的
   C. 男的刚到这里
   D. 男的不喜欢这里

二、下面你将听到一句话，听后请做出恰当的应答　录音 15

1. ________________________________（拿……来说）
2. ________________________________（拿……来说）
3. ________________________________（说来也怪）
4. ________________________________（说来也怪）

5. ____ （直到……才……）

6. ____ （直到……才……）

课文　自助旅行　录音 16

● **背景提示**

你喜欢跟团旅行还是当个背包客自助旅行？如果你对自助旅行感兴趣，请听听背包客李响的经验之谈。

一、听课文，判断正误

1. 第一次背包旅行的人总是会担心发生不好的事情。（　　）
2. 李响认为旅行会遇到很多麻烦。（　　）
3. 那次上错飞机让他很生气。（　　）
4. 刚到一个陌生的地方，我们可能什么都不知道。（　　）
5. 吃到当地地道的食物不是一件难事。（　　）

6. 如果不能和当地人交流，在餐厅就没法点菜。（　）
7. 有些人在家从来不会想去做的事情，在旅行中有可能做。（　）
8. 李响是个有经验的背包客。（　）

二、根据提示词语回答下列问题

1. 李响在旅途中遇到的最尴尬的事情是什么？

上错　没有人　也　于是　直到……才……　脑子嗡的一下　将错就错

2. 你在旅途中遇到过什么尴尬的事？

也　于是　脑子嗡的一下　直到……才……

3. 到一个陌生的地方，如何尽快发现当地最地道的东西？

摸不着头脑　只要……就　奏效

4. 对于旅行经验不丰富的游客，李响有什么建议？你呢？

最重要的一点是……　说来也怪

三、讨论

请谈一谈你最难忘的一次旅行经历。

参考表达：

将错就错　脑子嗡的一下　直到……才……　拿……来说

第二部分

学一学　录音 17

口语表达

听口气　tīng kǒuqì

翻译	it sounds like...
解释	从说话中可以听出来。
例子	1. 听口气，他一定通过考试了，不然不会那么兴奋。 2. 听口气，妈妈一定知道我骗了她，怎么办？

那还用说　nà hái yòng shuō

翻译	of course
解释	那当然，表示肯定。
例子	1. A：如果你中奖了，一定要请我吃饭哟！ B：那还用说，肯定少不了你。 2. A：你可真有办法，小学同学每个人你都联系上了。 B：那还用说，我可是费了好大劲儿才把这通讯录给做出来的。

生　词

1	世外桃源	shìwài táoyuán		haven of peace and happiness
2	农家乐	nóngjiālè	（名）	farm-based tourism, agritainment

听一听

课 文 **节俭出行** 录音 18

● **背景提示**

旅行不仅可以放松心情，而且可以让人体验到不同的生活。现代人繁忙的工作使长途旅行不容易实现，但是，不妨利用周末去郊区走走，说不定你会发现一个世外桃源。

一、听课文，选择正确答案

1. A. 空气清新
   B. 人很多
   C. 世外桃源
   D. 青山绿水

2. A. 打车
   B. 坐公交车
   C. 坐火车
   D. 先坐公交车再打车

3. A. 986 的终点就是他们的目的地
   B. 那户农家养了一只鸡和一只狗
   C. 男的认识很多种蔬菜
   D. 女的知道出租车师傅的电话

4. A. 男女朋友
   B. 姐弟或兄妹
   C. 同学
   D. 同事

二、讨论

1. 女的对这次出去玩儿的印象如何？
2. 怎么玩儿又省钱又有趣？请说说你的经验。

说一说

一、根据所给情景和提示完成对话

> 我年轻的时候对背包旅行很狂热，读大学的时候，还逃课去旅行。我朋友的弟弟有个世界上最幸福的工作——职业旅行家，这份工作既能玩儿还能挣钱，真叫人羡慕。可是说来好笑，她弟弟小时候一点儿也不喜欢旅行，坐车还会晕车。我朋友总是很担心她弟弟，有一年日本发生地震，她弟弟正好在那儿，家人想方设法和他联系，可是联系不上。不过这种情况毕竟是少数。我在朋友家看过她弟弟拍的照片，拍得真不错！其中有一张是在山里拍的，去年我也去过那儿。其实我们本来想去一个牧场，结果走错了，将错就错，我们就去了山里，也得到了很多意外的收获。

（语气：吃惊、奇怪、说明、称赞、估计、同意）

A：你弟弟怎么找到这个工作的？

B：________________________________。（说来也怪）

A：职业旅行家，既能玩儿还能挣钱，真叫人羡慕。能把爱好变成职业，这应该是世界上最幸福的事了吧！

B：________________________________。（听口气）

A：你还真说对了。当年我对背包旅行也很狂热。

B：真没想到你对旅行那么感兴趣。

A：________________________________。（那还用说）

B：不过，像我弟弟这种工作也挺让人担心的。________________，（拿……来说）听到这个消息，________________，（脑子嗡的一下）家人设法和他联系，可是联系不上。幸好，这小子运气总是那么好。

A：____________________。（杞人忧天）这张照片是你弟弟拍的吗？

B：对。上个月我们去山里玩儿，____________________。（世外桃源）

A：去年我也去过。本来和家人打算去牧场，后来走错路了，____________________

____。（将错就错）

B：旅行中的小意外往往会带来大收获。

二、小王要去东南亚旅行十天，她准备带以下物品。你认识哪些？如果是你，你还会准备哪些东西？

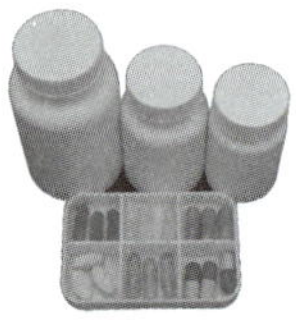

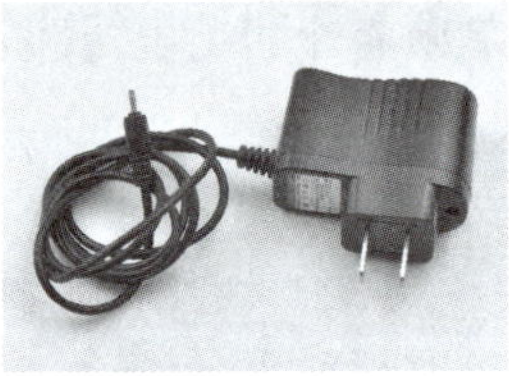

三、小组活动

1. 三人一组，谈一谈你们的旅行经验。

提示：可以从下面几个方面来谈

（1）订票	（2）住宿	（3）行程安排
（4）吃和娱乐	（5）其他	

参考表达：听口气　那还用说　拿……来说　直到……才……

2. 有的人认为自助旅行好，有的人认为跟团旅行好。两人一组，说说这两种旅行方式的利弊。

谈话语气：说明、估计、同意、意外

参考表达：听口气　那还用说　拿……来说　说来也怪

4 人生百态

讨 论

1. 人们一般认为，网上认识的人大多不可靠，如果有人与网友一见钟情，这事是不是更不靠谱？
2. 在公共场所，陌生人之间连话都不会说一句，可是如果有人无意中跟你开了个玩笑，你会采取什么态度？

第一部分

学一学　录音 19

口语表达

简直就　jiǎnzhí jiù

翻译	simply, exactly
解释	完全如此，含夸张的语气。
例子	1. 我十月去了一趟杭州，坐船游览了西湖，感觉西湖太美了，简直就是人间天堂。 2. A：昨天小王也跟你们去唱歌了？他唱得怎么样？ B：他唱得可好了，简直就跟歌星一样。

（不过）……而已　（búguò）……éryǐ

翻译	just, nothing more
解释	形容事情的程度很低，不过就是这样。

例子	1. A：这个系列的相机已经出了新型号，你怎么还买老型号的？ B：新型号不过高了100万像素而已，其他功能没什么改变，价钱又贵，不值。 2. A：你脸色这么不好，上医院去看看吧。 B：没事，不过是有点儿胃疼而已。

生　词

1	解闷（儿）	jiě mèn（r）		to divert oneself from boredom
2	窈窕	yǎotiǎo	（形）	graceful, fair
3	俏皮	qiàopí	（形）	lively, witty
4	妙龄	miàolíng	（名）	(of girls) lovely age, prime of youth
5	恨不得	hènbude	（动）	to wish one could, to be anxious to
6	虚拟	xūnǐ	（形、动）	virtual, fictitious; to invent, to fabricate
7	吓唬	xiàhu	（动）	to frighten, to scare
8	喜滋滋	xǐzīzī	（形）	feeling greatly pleased
9	动静	dòngjing	（名）	sound of sth. astir
10	顿时	dùnshí	（副）	immediately, at once
11	嘻嘻	xīxī	（象声）	*an onomatopoeic word describing laughter*

熟　语

1	善解人意 shàn jiě rén yì understanding, thoughtful	很能理解人、关心人，能够和他人进行换位思考。 例：你真是个善解人意的人。
2	二话不说 èr huà bù shuō without a word	不说任何别的话。指立即行动。 例：王明经过这里，听到河里有人喊“救命”，他二话不说就跳进河里救人。

3	不可开交 bùkě kāijiāo to be locked in, to be tied up	无法摆脱或结束。 例 1：最近我们公司天天加班，忙得不可开交。 例 2：A：小王两口子最近关系好点儿了吗？还吵吗？ B：好什么呀！昨天两人又吵得不可开交。
4	一见钟情 yíjiàn zhōngqíng to fall in love at first sight	指男女之间第一次见面就产生爱情。 例：他们俩在毕业晚会上一见钟情。
5	不翼而飞 búyì'érfēi to vanish without a trace, to spread fast	东西没有翅膀却飞走了，比喻东西忽然丢失，也比喻消息传播得很迅速。 例：谁看见我的手机了？刚才还在这儿，怎么不翼而飞了？

听一听

热 身

一、听小对话，选择正确答案　录音 20

1. A. 小陈接电话后很难过
   B. 小陈接电话后很担心
   C. 小陈的女朋友生病了
   D. 对方对小陈很不满

2. A. 老师不知道该怎么办
   B. 那两个人打得很厉害
   C. 老师不想管这事
   D. 别人都不想管这事

3. A. 辞职前没多考虑
   B. 她工作出了错
   C. 她脾气不好伤了人
   D. 她也担心工作的事

4. A. 女的做了一件了不起的事
   B. 房间发生了很大变化
   C. 房间发生了一个小变化
   D. 房间里的沙发没有了

5. A. 男的不相信一见钟情
B. 女的家比较有钱
C. 他们俩是恋人关系
D. 男的不浪漫

6. A. 妻子觉得应该有人帮女儿
B. 妻子让丈夫把孩子带来
C. 丈夫对女儿表示满意
D. 现在的情况比以前好

7. A. 男的丢了充电器
B. 男的要找照相机
C. 充电器原来在抽屉里
D. 充电器不在抽屉里

8. A. 女的不喜欢让陈斌去
B. 他们在商量去哪儿玩儿
C. 陈斌没有钱去玩儿
D. 有人想故意为难陈斌

二、下面你将听到一句话，听后请做出恰当的应答　录音 21

1. ________________________________（简直就）
2. ________________________________（简直就）
3. ________________________________（不过……而已）
4. ________________________________（不过……而已）

课　文　第五个好男人　录音 22

● **背景提示**

你有过网上交友的经历吗？你在网上认识的朋友可信吗？也许在网上你真的交到了好朋友，可是下面故事中的主人公就没有你那么幸运了。

一、听课文，判断正误

1. 陈斌闲得没事做才上网。（　　）
2. 女网友主动要来给他做饭。（　　）

3. 陈斌第一眼看到女网友就喜欢上了她。（ ）
4. 买菜钱是陈斌付的。（ ）
5. 女网友做饭时陈斌不想帮忙。（ ）
6. 陈斌相信网络爱情。（ ）
7. 陈斌去买酱油时没有怀疑女网友。（ ）
8. 女网友趁他不在，偷了东西跑了。（ ）

二、根据提示词语回答下列问题

1. "窈窕小炸鱼"有什么吸引陈斌的地方？

善解人意　俏皮　享受

2. "小炸鱼"是在什么情况下提出要来给他做饭的？

烦　找工作　解决中午吃饭

3. 陈斌见到"小炸鱼"时的第一印象是什么？

妙龄少女　恨不得

4. "小炸鱼"见到陈斌以后有什么表现？

抢着　二话不说　先……，然后……　忙得不可开交　不让……动手

5. 陈斌见到"小炸鱼"以后有什么心理活动？

一见钟情　喜滋滋的　骗人　杞人忧天　吓唬自己

6. 陈斌买酱油回来以后，家里发生了什么？

应声　不翼而飞　不见了　消失　留言

三、谈谈你对课文中人物的看法

第二部分

学一学　录音23

口语表达

什么世道　shénme shìdào

翻译	What morals!
解释	指责社会风气不好。带有不满的语气。
例子	1. 现在是什么世道啊！这么贵的东西，质量还这么差！ 2. A：最近报道了好几起抢劫事件，你晚上还是少出去吧。 B：哎，什么世道啊！

生　词

1	扶手	fúshǒu	（名）	armrest, handrail
2	洒	sǎ	（动）	to spill
3	忍	rěn	（动）	to bear, to endure
4	自言自语	zìyán zìyǔ		to talk to oneself, to think aloud
5	解嘲	jiěcháo	（动）	to try to explain things away when ridiculed

听一听

课　文　公交车上　录音 24

● **背景提示**

你可能听说过很多发生在公共汽车上的事情，但是相信你一定没有听说过下面这样的事情。

一、听课文，判断正误

1. 小美女的个子到男的的肩膀。　（　　）
2. 上车以后小美女一直把豆浆杯举得高高的。　（　　）
3. 男的太饿了，就喝了小美女的豆浆。　（　　）
4. 一直到男的喝出声音，小美女才发现有人喝了她的豆浆。　（　　）
5. 小美女发现后狠狠地批评了那个男的。　（　　）
6. 女朋友下车以后，又坐了一站，男的也下车了。　（　　）

二、根据提示词语回答下列问题

1. 公共汽车上很挤，小美女是怎么做的？

根本　怕　把　时不时

2. 发现豆浆快喝完了，小美女是怎么说的？

什么世道　没几下

3. 被小美女发现喝了豆浆后，男的有什么反应？

尴尬　自我解嘲　又　汗

三、以第三个人的口气说一说公交车上发生的这个故事

参考表达：

那天，车上上来一个……，手里拿着……

比她高一头多，举过肩的时候，刚好……，就吸了一口

过了一会儿美女自言自语地说："什么世道，……"

发出了"咕噜噜咕噜噜"的声音，才发现……

小美女幽默地对那人说：……

后来，……

说一说

一、根据所给情景和提示完成对话

> 小陈在网上订特价机票时遇到了一些不愉快的事，好在问题后来还是解决了。他跟朋友谈论这件事。

朋友：小陈，有什么好事吗？这么高兴。

小陈：我周末飞成都！

朋友：真的假的？机票那么贵，你怎么舍得？

小陈：我买了一张四折机票。

朋友：才四折！

小陈：不过，这张票买得并不顺利。

朋友：怎么回事？说来听听。

小陈：前两天我在网上偶然看到有去成都的特价机票，500 块钱，____。（二话不说）可是，订完票的第二天，我接到一个电话，说是昨天我预订那张特价票时，他们的电脑出现了操作问题，____。（不对劲儿）

朋友：可是你已经付了款，对吧？

小陈：是啊。他们先说很抱歉，接着又说如果我还想要这张票，必须买 200 元的保险，特价机票才能生效。

朋友：____。（不过……而已）现在网上购物常有这样的事情发生。

小陈：我说已经有别的保险了，不想再购买保险。他们说，这样的话，这张票就只能取消了。

朋友：真是不像话！

小陈：我告诉他，我已经打印下来订单了，如果他们敢这样做，我就去消费者协会投诉（to complain）。

朋友：他们害怕了吗？

小陈：____，（不过……而已）没想到对方真害怕了。然后他说要再跟老板商量一下怎么办。

朋友：不用说，你肯定是得到了那张机票。

小陈：那还用说！我这次是成功了，但是我估计不是每个人都像我这么幸运的。

朋友：________________________________。（什么世道）

小陈：是啊，消费者必须学会自我保护，否则有可能会上当受骗。

二、根据下图讲故事

分组：每人讲一幅图，全组成员共同完成故事。

要求：故事情节完整，语句连贯，语言生动，用词准确

参考表达：

忽然	拼命	一阵	不对劲儿	不见了	哇	天哪
喜滋滋	慌	惦记	猛地	一下子	什么世道	

复习一

听力部分

一、听小对话，选择正确答案　录音 25

1. A. 她忘带身份证了
   B. 她拿错钥匙了
   C. 她的书包找不到了
   D. 她没带够钱

2. A. 这个时间不会堵车
   B. 这个时间肯定会堵车
   C. 女的同意男的的说法
   D. 女的不同意男的的说法

3. A. 惊奇
   B. 称赞
   C. 意外
   D. 不满

4. A. 周边环境
   B. 交通
   C. 价钱
   D. 户型

5. A. 女的今天弄不完了
   B. 女的顾不上吃饭
   C. 女的今天一定要弄完
   D. 女的忙了一天了

6. A. 教师
   B. 警察
   C. 厨师
   D. 记者

7. A. 女的不能去小王那儿
   B. 谁都不愿意麻烦别人
   C. 女的要替小王加班
   D. 女的不想替小王加班

8. A. 解释男的的说法
   B. 否定男的的说法
   C. 肯定男的的说法
   D. 补充男的的说法

9. A. 女的觉得这事不重要
B. 女的请教了专业人士
C. 专家肯定这个计划
D. 张教授是专家

10. A. 物业不错
B. 物业不好
C. 同意男的的说法
D. 不知道物业在哪儿

11. A. 在工作
B. 什么都没做
C. 开网店
D. 做面包

12. A. 能力不够
B. 不太细心
C. 经验不丰富
D. 身体不太好

13. A. 一定要去农村
B. 想留在学校工作
C. 想去城里工作
D. 想和朋友开公司

14. A. 李强的学习
B. 李强找对象的问题
C. 李强的工作
D. 李强的性格

15. A. 老陈总是拒绝男的
B. 老陈和男的吵了好几次
C. 老陈没想到男的是这种人
D. 男的不愿意理老陈

16. A. 女的不同意男的的做法
B. 女的同意男的的做法
C. 男的没有理想
D. 男的有假期

17. A. 男的很伤心
B. 女的挨了爸爸的骂
C. 男的不伤心
D. 女的很伤心

18. A. 钱包丢了
B. 切菜把手划破了
C. 相机不知道放哪儿了
D. 钥匙落在屋里了

19. A. 男的没法和别人交流
B. 男的汉语说得不错
C. 男的汉字写得不错
D. 男的能和中国人交流

20. A. 男的不认识李明
B. 男的知道在哪儿可以买到毛笔
C. 男的对这里不熟悉
D. 男的来这儿很长时间了

二、听对话或短文，并口头概括 录音 26

对话：出发前

表达提示：

伞	运动服	休闲鞋	相机	充电器
备用药	红茶	护照	机票	

短文：对不起，妈妈

表达提示：

妈妈叫我起床的时候
在我梳洗的时候
看她这么做的时候

口语部分

一、用指定的表达式或词语完成对话

1. A：假期我们一起开车去旅行吧。
   B：你的意思是咱俩自驾游啊？
   A：是啊，你不是刚学会开车了吗？
   B：______________________________。（不过……而已）
   A：所以你要多练习呀！
   B：______________________________。（再说）
2. A：今天早上怎么啦？那么晚才来？
   B：______________________________。（别提了）
   A：你房东经常和你联系吗？我的房东什么也不管，找他也不好找。
   B：______________________________。（不光……还……）

A：看来，你的房东是个热心肠儿。

B：就是有点儿唠叨。下半年我还打算租他的房。

3. A：人们努力工作，目的是为了让生活过得更好，可奇怪的是，一旦有了钱，人们反而更忙碌，无法舒舒服服地过日子。

B：________________。（一……就是……）

A：我身边很多朋友都是工作狂。

B：________________。（不当回事儿）

A：你说的是老张吧？我认识他，他是我们以前的一个老邻居。他现在身体好些了吗？

B：________________。（……倒是……，可是……）

4. A：时间过得真快！好像放假没几天就要开学了。

B：________________。（说来也怪）

A：你盼着早点儿开学？真是和别人不一样。一开学就不能再睡懒觉了，也不能老上网了。

B：你假期去了不少地方吧？看你晒得多健康啊！

A：________________。（哪儿啊）

B：去云南旅行有什么好玩儿的事吗？

A：________________。（简直就）

B：看来你的旅行收获真不少啊！

A：________________。（那还用说）

5. A：听说你父母来看你了。

B：是啊，他们昨天刚到。我正想着晚上带他们去哪儿吃饭呢，你给介绍介绍吧。

A：________________。（要说……）

B：远点儿没关系，重要的是味道好。

A：________________。（听口气）

B：是的，我父母开了家饭馆，所以对各地饮食特别感兴趣。

6. A：这是什么地方？

B：________________。（摸不着头脑）

A：看来咱们迷路了，我从小就分不清东南西北。

B：________________。（露一手）

A：这手机还挺高级的嘛！

B：你也去买一个吧，这样以后就不会迷路了。

7. A：好久不见了，这一年过得怎么样？

B：挺好的，我换了个工作，比较轻松。你呢？还在学习吗？

A：________________________________。（不是个事儿）

B：你和小杨怎么样了？

A：________________________________。（不可开交）

B：我和男朋友也分手了。你看，咱们虽然住在同一个城市，但见一次面还真不容易，了解得也不多。你的手机号是多少，以后我们可得多联系。

8. A：最近学校健身中心做活动，两个人办卡可以享受五折优惠，你想办吗？

B：我还没去过健身中心呢，都有什么活动啊？

A：________________________________。（拿……来说）

B：呵呵。游泳、跑步机、器械这些我不感兴趣。瑜伽、拉丁舞、肚皮舞这些不错。

A：那你也想办一张啦？

B：________________________________。（……倒是……，可是……）

A：应该可以先体验一下。

B：那咱们一起去体验一下再办。

二、选择一个情景，两人或三人一组进行会话

要求：对话中应至少用 5 ～ 6 个表达式

1. 周末怎么过

情景：甲在这个城市已经生活五年了，对这个城市非常熟悉。乙刚刚来到这个陌生的地方，他向甲请教周末怎么过，可以去哪儿玩儿，有什么好吃的。甲给了他一些建议，比如，喜欢热闹，可以去卡拉 OK、酒吧；喜欢安静，可以去书吧或茶馆；喜欢旅行，可以去郊区；喜欢购物，可以去小商品市场淘宝；喜欢美食，可以去夜市品尝各色小吃，等等。

语气：商量、征求意见、建议

2. 减轻压力的方法

情景：三个朋友，甲是外企的白领，常加班，工作压力大。乙是大学老师，生活规律，一年有两个长假。丙是政府公务员，工作稳定，下班后应酬多。他们谈各自减轻压力的方法，比如通过运动，去健身房锻炼；靠食疗，多吃绿色食品，戒烟戒酒；平时玩儿点儿小游戏或看点儿轻松幽默的笑话调节心情，等等。他们互相请教并分享减轻压力的经验。

语气：劝说、解释

3. 各自的男 / 女朋友

情景：甲抱怨自己的男 / 女朋友不懂得表达感情，不浪漫。乙抱怨自己的男 / 女朋友干涉自己太多，什么都要管。抱怨归抱怨，可他们都深爱着对方，他们有各自的故事和原因。

语气：责备、抱怨、否定、肯定

4. 自助旅游的经验

情景：甲认为，旅行前要上网查资料，计划好路线，提前预订酒店，要有一个完整详细的计划。乙认为，旅行前准备太充分，旅行就会缺少很多惊喜和精彩。

语气：赞成、反对

参考表达：

不光……还……　对了　哪儿啊　……倒是……，可是……
别提了　再说　不当回事儿　得……不是
要说……　简直就　二话不说　不过……而已
拿……来说　说来也怪　脑子嗡的一下
听口气　那还用说

5 喜怒哀乐

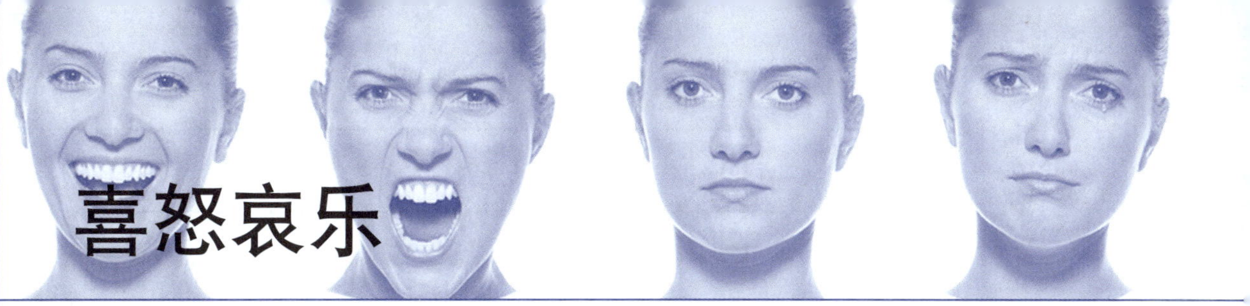

讨 论

1. 有人脾气好，有人脾气坏，脾气是天生的吗？
2. 发脾气对自己和别人有什么影响？你爱发脾气吗？

第一部分

学一学　录音 27

口语表达

轻的……，重的……　qīng de……, zhòng de……

翻译	if not serious..., while if serious...
解释	从问题的严重性上分析，不严重的话会……，严重的话会……。
例子	1. A：大夫，我儿子的腿伤严重吗？能治好吗？ B：现在还很难说，得等检查结果出来再看。轻的话，做个手术就可以；重的话，恐怕就要截肢了。 2. 学校对缺课学生的惩罚是，轻的批评，重的取消考试资格。

一旦……，（也）就……　yídàn……, (yě) jiù……

翻译	once, as soon as, in case
解释	一个事情发生以后，就会引起其他事情发生。
例子	1. 上高速公路前最好检查一下汽车轮胎，轮胎一旦出问题，就会发生大事故。 2. 一旦你的词汇量大了，阅读文章也就是一件很容易的事了。

生　词

1	发泄	fāxiè	（动）	to abreact, to give vent to, to let off
2	消气	xiāo qì		to cool down, to be mollified
3	顺心	shùnxīn	（形）	satisfactory
4	动不动（就）	dòngbudòng（jiù）	（副）	easily, frequently
5	生闷气	shēng mènqì		to be in a sulk
6	惩罚	chéngfá	（动）	to punish
7	捶	chuí	（动）	to beat (with a stick or fist)
8	跺脚	duò jiǎo		to stamp (one's foot)
9	尖叫	jiānjiào	（动）	to scream
10	拼命	pīnmìng	（副、动）	desperately; to act desperately regardless of consequences
11	难免	nánmiǎn	（形）	hard to avoid

熟　语

不管不顾
bùguǎn búgù
to take no care of

做事缺乏考虑，不关心别人的感受，常用来表示对某人不满的语气。

例：已经是半夜了，你怎么能对邻居不管不顾，这么大声唱歌呢？

听一听

热　身

一、听小对话，选择正确答案　录音 28

1. A. 妈妈只对爸爸发火
   B. 妈妈生爸爸的气了
   C. 妈妈生说话人的气了
   D. 没人知道妈妈生气的原因

2. A. 不满
   B. 询问
   C. 着急
   D. 惊讶

3. A. 孩子没考好跟爸爸有关
   B. 大人不能经常吓唬孩子
   C. 跟丈夫商量怎么帮助孩子
   D. 妻子对丈夫打孩子不满

4. A. 新买的东西被女的弄坏了
   B. 女的对这个东西很熟悉
   C. 男的想知道东西怎么坏了
   D. 男的太大惊小怪了

5. A. 男的总爱发脾气
   B. 女的对男的很不满
   C. 男的最近不太高兴
   D. 这两个人是夫妻

6. A. 怀疑
   B. 同情
   C. 不满
   D. 不理解

7. A. 恋爱时很注意吃东西
   B. 因为怕胖不敢吃东西了
   C. 失恋后吃不下饭
   D. 失恋后比以前更胖了

8. A. 女儿自己想学习表演
   B. 男的认为学表演很麻烦
   C. 妻子不支持女儿学表演
   D. 他们俩的态度一致

二、下面你将听到一句话，听后请做出恰当的应答 录音 29

1. ________________ （轻的……，重的……）
2. ________________ （轻的……，重的……）
3. ________________ （一旦……，就……）
4. ________________ （一旦……，就……）

课 文 说脾气 录音 30

● 背景提示

谁都有脾气，只不过有的人脾气大点儿，有的人脾气小点儿；有的人有情绪的时候能控制自己，有的人控制不住自己。有情绪的时候，发泄出来好，还是压在心里好？有没有消气的方法？下面就让我们来听一听。

一、听课文，选择正确答案

1. A. 工作不顺心
   B. 事业成功，出了名
   C. 年纪大了
   D. 生活出现问题

2. A. 发脾气是一种病
   B. 发脾气会伤害自己
   C. 发脾气是没有原因的
   D. 发脾气与性格无关

3. A. 它是医生办公室
   B. 它是日本人想出的一个办法
   C. 它是温柔式发泄的场所
   D. 它是一种心理治疗室

二、根据提示词语回答下列问题

1. 怎样说明一个人爱发脾气？

碰到……就……　动不动

2. 发脾气有什么表现？

不管不顾　轻的……，重的……

3. 为什么说发脾气不好？

不管……　一旦……，就……了　所有的好都没了　有一句话说得好……

4. 什么发泄方法可以达到消气的目的？

大喊大叫　放开嗓门一通喊叫　把某种东西当作发泄的对象
拼命　疯狂

三、同学之间交流一下：你爱生气吗？当你生气时，会有下面哪种表现？

参考表达：

捶东西	摔东西	骂人或打人	大喊大叫
生闷气	疯狂购物	拼命吃东西	……

第二部分

学一学 录音 31

口语表达

我 V 我的，他 V 他的 wǒ V wǒ de, tā V tā de

翻译	*indicating two people doing separate things without interfering in each other's business*
解释	互相不干涉，表示双方做事的时候都不打扰对方，或都不在意对方的态度，后半句有时候可以省略。
例子	1. A：你跟你爱人俩人口味不一样，能吃到一块儿去吗？ B：我们俩完全吃不到一块儿，他吃他的，我吃我的。他喜欢吃辣的，我一点儿辣不能吃，所以每天做饭都得有一个辣的菜，一个不辣的。 2. A：哎呀，我得去接孩子了，她四点放学，可是我手里还有点儿工作没做完。 B：你走你的吧，剩下的活儿我帮你做。 A：那太谢谢啦！

都是……，所以才…… dōu shì……, suǒyǐ cái……

翻译	(*implying complaint, etc.*) because, due to
解释	因为某方面的原因，才……（不好的结果），或责任都在于某人 / 某事等。带有抱怨的语气。
例子	1. 都是因为你爱虚荣，一定要嫁一个又帅又富的，所以才错过了真正的爱情。 2. 真对不起！都是因为我忘了打电话，所以才害得你们白跑一趟。

生　词

1	流感	liúgǎn	（名）	flu
2	炸	zhà	（动）	to explode
3	暴躁	bàozào	（形）	irritable, hot-tempered
4	浑身	húnshēn	（名）	all over, from head to foot
5	缩成一团	suō chéng yì tuán		to huddle (up)
6	迁就	qiānjiù	（动）	to yield to, to give in to
7	破裂	pòliè	（动）	to break, to split
8	绝症	juézhèng	（名）	fatal illness

熟　语

1	落得……下场 luòde……xiàchǎng to end up (in a bad situation)	做某事得到不好的结局。 例：A：听说小李被公司解聘了。丢了这么好的工作太可惜了，你能不能找找老板，帮小李说说话？ B：找也没用。我早就提醒过他不要因为喝酒耽误工作，他不听，所以才落得今天的下场。
2	抱头痛哭 bàotóu tòngkū to cry bitterly due to sadness, etc.	指因为十分伤心或感动而大哭。 例：听到妻子在车祸中不幸去世的消息，老王抱头痛哭。

听一听

课 文 **病中感悟** 录音 32

● **背景提示**

一个人在生病或是遇到不顺心的事时可能就爱发脾气。发脾气的人觉得自己有发脾气的理由，但是当他做得太过分时，可能因此伤害朋友。

一、听课文，判断正误

1. 作者因为生病，所以脾气不好。 (　　)
2. 他骂别人，别人都原谅了他。 (　　)
3. 他的症状是头痛、咳嗽、浑身发冷。 (　　)
4. 他怕嗓子疼得更厉害，所以没抽烟。 (　　)
5. 报上卖房子的广告引起了他的不满。 (　　)
6. 小说中爱发脾气的那个人就是作者本人。 (　　)
7. 作者的朋友实在受不了他的脾气，离开了他。 (　　)
8. 那两个好兄弟，要不是其中一个人得了重病，他们不可能再见面。 (　　)

二、根据提示词语回答下列问题

1. 作者的脾气怎么样？同事们对他是什么态度？

爱　让着

2. 作者怎么不舒服？

厉害　炸开　难受　咳出　浑身　缩成一团

3. 作者对自己生病怎么看？

都是……才落得……下场

4. 不舒服的时候他想做什么？结果如何？为什么？

想　于是　忍住　打开　离开

5. 故事中兄弟俩关系破裂的原因是什么？

发脾气　迁就　让着　终于　彻底　从此

6. 故事的结局怎样？

得了　在最后一刻　一……抱头痛哭

7. 这个短文的题目为什么叫“病中感悟”？

发脾气　迁就　破裂　感动　珍惜

说一说

一、根据所给情景和提示完成对话

女的买了一部新手机，用了不到一个月，电信公司打电话告诉她欠费800元，她不相信，认为手机超市卖给她的一定是一部旧手机，于是她就去找手机超市讲理。从超市回来后与男的对话。

（语气：女的很气愤，男的由劝慰转为气愤）

女：我今天去了手机超市，跟他们讲了半天道理，还是不给我解决，气死我了！

男：________________________________，有话慢慢说。（动不动）

女：我新买的一部手机，用了还不到一个星期，电信公司告诉我说手机欠费 800 元，给我停机了。

男：怎么会有这种事？难道他们卖给你的是一部旧手机？

女：是啊，我也怀疑是这样，就找那家手机超市去了，可是他们坚决不承认卖给我的是旧手机。

男：可是新手机怎么会出现欠费的问题呢？

女：我也是这么说的，________________________________，（我V我的，他V他的）就是不承认是旧手机。我提出来退货，他们说，手机没有质量问题，不能退货。

男：这个手机肯定是有问题，凭什么不给退！

女：就是嘛！可是说什么也没用。

男：售货员不给退，就找他们经理去。

女：我是找他们经理了，________________________________。（V一通）

男：是一家小商店吗？

女：这家店虽不是本市最大的，但也算有点儿名气。

男：________________________________。（不管不顾）

女：你说我现在怎么办？

男：他们实在不给你解决，你就给 12315 打电话，找他们帮你。

女：12315 是什么？

男：这是一个保护消费者的组织的电话。

女：他们会怎么处理这样的问题呢？

男：________________________________。（轻的……，重的……）

女：太好了！我现在就打。

二、讲述练习

1. 根据下面图片的情景讲述。

参考表达：

冲（chòng）　火　忍不住　骂人　迁就

我V我的，他V他的　说狠话　不管不顾

2. 说说你在生气时，一般用什么方法消气。

参考表达：

好　坏　发脾气　发泄　大喊大叫

摔　吃　生闷气　顺心　捶打

轻的……，重的……

三、参考下图会话

你的朋友来找你，对你讲述他/她遇到的不顺心的事，一边说一边发脾气，你应该怎么劝慰他/她?

谈话语气：第一个人气愤、第二个人安慰

参考表达：拿别人的错误惩罚自己　不管……

一旦……，就……　轻的……，重的……

控制情绪　理由　消气　说狠话

6 手机生活

讨论

1. 你觉得手机对你的生活有没有什么不好的影响？
2. 你是什么时候有第一部手机的？你觉得小孩子什么时候开始用手机比较合适？

第一部分

学一学 录音 33

口语表达

还是……（的）好　háishi……（de）hǎo

翻译	it is better to...than to…
解释	表示经过比较和考虑，认为这么办更好。
例子	1. A：快毕业了，或者继续读研究生，或者找工作，我也不知道该怎么选择。 B：要我说啊，还是先读研究生好，趁着年轻，多读点儿书吧。 2. A：咱们明天去爬山吧。 B：天太热了吧，我觉得还是在家待着好。

我说……怎么……（呢）　wǒ shuō……zěnme……（ne）

翻译	so I understand why..., no wonder that...
解释	表示知道了事情发生的原因。

例子	1. A：怎么关着窗户，也不开空调啊？ B：没开空调？我说屋里怎么这么热呢！ 2. A：还在工作啊？都六点半了。 B：我等个朋友，我们约了一起吃晚饭。 A：哦，我说你怎么还不回家呢。

说什么也得…… shuō shénme yě děi……

翻译	should do sth. no matter what
解释	表示无论如何也要做某事。
例子	1. A：我明天一大早就走了，咱们还是下次再见面吧。 B：那可不行，你好不容易来一趟北京，咱俩说什么也得见一面啊。 2. A：太累了就明天再做吧。 B：明天就是周末了，今天说什么也得做完啊。

生　词

1	套餐	tàocān	（名）	package, a set of services, etc.
2	单独	dāndú	（副）	alone
3	运营商	yùnyíngshāng	（名）	carrier, operator
4	预存	yù cún		to deposit, to pay in advance
5	最低消费	zuì dī xiāofèi		minimum charge
6	划算	huásuàn	（形）	to one's profit or benefit
7	款式	kuǎnshì	（名）	style, pattern, design
8	月租费	yuèzūfèi	（名）	monthly fee
9	流量	liúliàng	（名）	(Internet) traffic
10	微博	wēibó	（名）	microblog
11	注册	zhù cè		to register
12	账号	zhànghào	（名）	account
13	跑题	pǎo tí		to digress
14	营业厅	yíngyètīng	（名）	business hall

熟　语

1	没顾上 méi gù shang haven't got time to do sth.	表示很忙，没有时间做某件事。 例：A：你终于回来了，走，我们去唱卡拉OK。 B：卡拉OK？我可不去，我忙了一天，都没顾上吃饭，哪有力气唱歌啊？
2	天南海北 tiānnán hǎiběi far apart	形容距离遥远的不同地区。 例：大家从天南海北来到这里，为了学好汉语而努力。

听一听

热　身

一、听小对话，选择正确答案　录音 34

1. A. 他今天还没吃饭呢
   B. 他吃了三顿饭
   C. 他在家里吃的饭
   D. 他吃了两个包子

2. A. 回家
   B. 写报告
   C. 出差
   D. 上班

3. A. 他的手机坏了
   B. 他的手机不能发短信
   C. 他的手机没有中文
   D. 他的手机在中国不能用

4. A. 劝女的明天去逛逛
   B. 让女的明天别出去逛
   C. 劝女的早点儿收拾东西
   D. 劝女的不用着急收拾东西

5. A. 她希望能见到男的
   B. 她希望男的去跟同学们见面
   C. 她觉得男的不需要去领成绩单
   D. 她没时间帮男的领成绩单

6. A. 男的最近精神不好
   B. 男的没有睡觉
   C. 男的应该回去睡觉
   D. 男的下午两点才起床

7. A. 准备毕业考试
   B. 开会去了
   C. 回国工作去了
   D. 找工作去了

8. A. 不同意去旅行
   B. 不愿意回家去
   C. 不回家不行
   D. 春节顾不上去看父母

二、下面你将听到一句话，听后请做出恰当的应答　录音 35

1. ______________________________（还是……的好）
2. ______________________________（还是……的好）
3. ______________________________（我说……怎么……呢）
4. ______________________________（我说……怎么……呢）
5. ______________________________（说什么也得……）
6. ______________________________（说什么也得……）

课文　办理手机业务　录音 36

● **背景提示**

你们国家的手机在中国还能用吗？你用的手机号是哪个公司的？办了哪些套餐呢？

一、听课文，回答问题

用运营商提供的手机

好处：

坏处：

没有月租费的号码

好处：

坏处：

选择合适的套餐

好处：

坏处：

二、听课文，判断正误

1. 玛丽不愿意留电话号码。（ ）
2. 玛丽原来的手机打电话不方便。（ ）
3. 使用运营商提供的手机，每月需要达到最低消费。（ ）
4. 小芳觉得使用运营商提供的手机不划算。（ ）
5. 没有月租费的电话号码一般话费比较贵。（ ）
6. 玛丽有个中文微博账号。（ ）
7. 玛丽觉得发微博耽误学习。（ ）
8. 小芳经常用手机发微博。（ ）

三、根据提示词语回答下列问题

1. 玛丽为什么想换手机？

……倒是……，就是…… 还是……的好

2. 用运营商提供的手机有什么条件？

预付 最低消费

3. 玛丽为什么要注册一个中文微博账号？

学汉语 交中国朋友 天南海北

四、根据下面的图表对话

话题：办理手机套餐

<table>
<tr><th>套餐月费</th><th>包国内语音拨打分钟数</th><th>包国内流量</th><th>包M个数</th><th>包T个数</th><th>包国内可视电话拨打分钟数</th><th>包国内短信条数</th><th>接听免费范围</th><th>超出部分国内语音拨打</th><th>超出部分国内可视电话拨打</th><th>超出流量</th><th>赠送增值业务</th><th>其他</th></tr>
<tr><td>46</td><td>50</td><td>150MB</td><td>3</td><td>5</td><td>5</td><td>/</td><td rowspan="11">全国（含可视电话）</td><td>0.25元/分钟</td><td rowspan="11">0.60元/分钟</td><td rowspan="11">0.0003元/KB</td><td rowspan="11">来电显示
手机邮箱</td><td rowspan="11">执行标准资费</td></tr>
<tr><td>66</td><td>50</td><td>300MB</td><td>6</td><td>10</td><td>10</td><td>240</td><td>0.20元/分钟</td></tr>
<tr><td>96</td><td>240</td><td>300MB</td><td>12</td><td>20</td><td>10</td><td rowspan="9">/</td><td rowspan="9">0.15元/分钟</td></tr>
<tr><td>126</td><td>320</td><td>400MB</td><td>20</td><td>20</td><td>15</td></tr>
<tr><td>156</td><td>420</td><td>500MB</td><td>20</td><td>40</td><td>20</td></tr>
<tr><td>186</td><td>510</td><td>650MB</td><td>20</td><td>40</td><td>20</td></tr>
<tr><td>226</td><td>700</td><td>750MB</td><td>30</td><td>40</td><td>25</td></tr>
<tr><td>286</td><td>900</td><td>950MB</td><td>40</td><td>50</td><td>30</td></tr>
<tr><td>386</td><td>1250</td><td>1.3GB</td><td>50</td><td>50</td><td>50</td></tr>
<tr><td>586</td><td>1950</td><td>2GB</td><td>60</td><td>100</td><td>100</td></tr>
<tr><td>886</td><td>3000</td><td>3GB</td><td>90</td><td>120</td><td>180</td></tr>
</table>

第二部分

学一学　录音 37

口语表达

免得……　miǎnde……

翻译	so as not to, so as to avoid
解释	“免得”用于解释，表示这样做的目的是为了避免某种情况的发生。

例子	1. A：明天上午十点出发，你做好准备。 B：还是九点走吧，免得堵车着急。 2. A：就给小丽一盒巧克力吧。 B：别总给她吃巧克力，免得她发胖。

能不……就不…… néng bù……jiù bù……

翻译	will not do sth. if don't have to, to try not to
解释	表示尽量不做。
例子	1. A：你明天可以晚来一会儿，我替你看着就行了。 B：好，谢谢你，我尽量吧，能不迟到就不迟到。 2. A：你还是别去出差了，家里的事这么多。 B：我知道，我再跟老板商量一下，能不走就不走。

生　词

1	随时	suíshí	（副）	at all times, at any time
2	时不时	shíbushí	（副）	every now and then, from time to time
3	赌气	dǔ qì		to be discontented and act rashly
4	适合	shìhé	（动）	to suit, to fit, to be appropriate for
5	辐射	fúshè	（动）	to radiate

听一听

课文　小学生该不该带手机　录音 38

● **背景提示**

现在带手机去学校的小学生已经为数不少，家长们对这件事的看法却不太一样，有人支持，有人反对。你觉得小学生带手机上学好不好？

一、听课文，选择正确答案

1. A. 用零花钱买的
   B. 父母送给他的
   C. 朋友送给他的
   D. 学校发的

2. A. 他电话很多
   B. 他用手机上网
   C. 他用手机打游戏
   D. 他关了铃声

3. A. 就是为了玩儿
   B. 是为了学习
   C. 对学会处理人际关系有好处
   D. 会耽误孩子学习

4. A. 会接触不同的生活
   B. 对搜集信息有好处
   C. 会接触到不好的信息
   D. 对教育孩子有好处

5. A. 影响会越来越小
   B. 没什么影响
   C. 有很大的影响
   D. 没有科学根据

二、听课文，回答问题

1. 男的对孩子带手机上学有什么看法？

____

2. 女的对孩子带手机上学有什么看法？

____

三、讨论

对于男的和女的的看法，你同意哪一个？你认为孩子带手机上学有什么好处和坏处？怎么避免不好的影响？

说一说

一、根据所给情景和提示完成对话

> 现代人似乎离开手机就不知道怎么生活。有的人只要一会儿没听到手机响，就会低头看看是不是有未接电话。有人把这种情况称为“手机依赖征”。

A：糟糕，出来得太着急了，____________________。（没顾上）

B：嗨，我们吃个饭就回去，手机没带就没带吧，不至于离开这么一会儿就着急啊。

A：你说，我是不是得了手机依赖征？

B：我看是，就说昨天吧，我们出去看电影，____________________。（时不时）

A：是啊，我总怕没接电话误了事情。

B：我说啊，____________________。（还是……的好）

A：看心理医生？有那么严重吗？

B：还不严重啊？那天你忘了带手机，已经到公司了，还非要回家取一趟。

A：也是，我也觉得挺过分的。一会儿不带手机就心里不安。

B：还有啊，白天也就算了，晚上睡觉你也从来舍不得关机，经常被一些垃圾短信吵醒，每次手机一响，你____________________。（说什么也得）

A：我不是怕公司有事嘛。

B：就你工作忙，你们公司半夜里能有什么事？谁像你一样不睡觉啊？

A：是啊，我也知道这样不好，以后我尽量改，____。（能不……就不……）

B：这就对了嘛。

A：可是，现在……，我觉得……，还是去拿一趟手机好，____。（免得……）

二、小组活动

辩论：

有人说，手机让人们联系更方便了，拉近了人与人的关系；也有人说，手机使亲友之间见面的机会减少了，同时，手机上网、玩儿游戏占用了很多时间，使人与人之间的关系疏远了。

辩论题目：手机影响了人与人的关系

正方：手机拉近了人与人的关系

反方：手机疏远了人与人的关系

参考表达：还是……的好　说什么也得……　免得……

能不……就不……　我说……怎么……呢

7 城市生活

讨 论

你生活的城市是个怎样的城市？有什么特点？你喜欢怎样的城市？

第一部分

学一学　录音 39

口语表达

这有什么……的　zhè yǒu shénme……de

翻译	this is nothing to..., it isn't worth...
解释	没什么，不值得。
例子	1. 不过是没通过考试，这有什么好哭的？ 2. 这有什么奇怪的？在我们国家，这样的现象很常见。

上哪儿 + V　shàng nǎr + V

翻译	can't do sth. (anywhere else)
解释	表示否定。
例子	1. 你别再挑了，那么便宜、质量又好的东西上哪儿买去？ 2. 上哪儿找那么好的姑娘？快和她结婚吧！

说真的 shuō zhēn de

翻译	honestly speaking
解释	说实话，常常用在句子开头，表示强调、肯定的语气。
例子	1. 说真的，你到底想不想结婚？ 2. A：你和小王怎么啦？我怎么听说你们吵架了？ B：说真的，我再也不想看见他了。

生　词

1	偶尔	ǒu'ěr	（副、形）	occasionally; accidental
2	插曲	chāqǔ	（名）	episode, interlude
3	贤惠	xiánhuì	（形）	(of a woman) virtuous
4	粗线条	cūxiàntiáo	（名）	broad-brush
5	不屑于	búxièyú	（动）	to disdain
6	愣	lèng	（动）	to be stupefied, to be numb
7	挪	nuó	（动）	to move
8	清淡	qīngdàn	（形）	light, not greasy

熟　语

1	没头没脑 méitóu méinǎo (to say or do sth.) lacking in coherence or logic	形容不了解事情的原因或没把事情原因讲清楚。 例：他没头没脑地说了半天我也没听明白。
2	不可思议 bùkě sīyì inconceivable, unimaginable	不可想象，难以理解。 例：已经是春天了，却下了一场大雪，真是不可思议！
3	大惊小怪 dàjīng xiǎoguài to make a fuss about nothing	对本来不奇怪的事情过分敏感。 例：我妈真是大惊小怪，我只是交了个外国男朋友，她就整天没完没了地问个不停。
4	好心当成驴肝肺 hǎoxīn dàngchéng lǘgānfèi to mistake one's kindness as ill intentions	比喻把别人的好意当成恶意。 例：我要帮他，他反倒骂我，真是好心当成驴肝肺。

5 甩手掌柜 shuǎishǒu zhǎngguì "hands-off" boss, "do-nothing guy"	指自己不干活，光指挥别人干活的人。 例：这次旅行，他完全是甩手掌柜，所有的路线、住宿、时间、费用都是我在操心。

听一听

热身

一、听小对话，选择正确答案　录音 40

1. A. 高兴
   B. 难过
   C. 生气
   D. 奇怪

2. A. 想找到真正的自己
   B. 想离开女的
   C. 不喜欢这个城市
   D. 女的对他不够好

3. A. 小伙子的个人条件不好
   B. 小伙子对女的很不错
   C. 女的也认为小伙子不错
   D. 女的不爱那个小伙子

4. A. 再等等丈夫
   B. 对丈夫很不满
   C. 丈夫会准时回家
   D. 大家先吃饭

5. A. 满意
   B. 不满
   C. 夸张
   D. 难过

6. A. 交个外国女朋友
   B. 和外国女朋友分手
   C. 和女朋友好好相处
   D. 多了解异国文化

7. A. 家里的事都是爸爸决定
   B. 男的想给女的露一手
   C. 男的跟他爸爸差不多
   D. 男的不满意妈妈的做法

8. A. 男的不收拾东西
   B. 男的抽屉很乱
   C. 男的不感谢她，反而责怪她
   D. 男的没有跟她说一声

二、下面你将听到一句话，听后请做出恰当的应答　录音 41

1. ______________________________（上哪儿 + V）
2. ______________________________（上哪儿 + V）
3. ______________________________（说真的）
4. ______________________________（说真的）
5. ______________________________（这有什么……的）
6. ______________________________（这有什么……的）

课文　城市与人　录音 42

背景提示

在你的朋友中，有没有人正在经历着异国恋情？他们的感情怎么样？是否有矛盾？

一、听课文，判断正误

1. 女的认为男女朋友之间没有秘密。（　）
2. 西班牙人不喜欢他的女朋友随便翻他的衣柜。（　）
3. 中国南北方生活没什么不同。（　）
4. 女的的男朋友是北方人。（　）
5. 女的的男朋友刚来北京。（　）
6. 北京人喜欢用东南西北表示方向。（　）
7. 南方人喜欢吃咸的。（　）
8. 男的不是中国人。（　）

二、根据提示词语回答下列问题

1. 男的和女的的观点有什么不同？

	男的	女的
手机	不可思议	大惊小怪　秘密
洗衣服	不礼貌	上哪儿　好心当成驴肝肺

2. 根据课文对比中国南北方人的不同特点。

	北方人	南方人
干家务	粗线条　甩手掌柜　不屑于	在行
方向感	往　奔	毫无　准
饮食	口味重	清淡

三、讨论

1. 三人一组，对比中国和你们国家人们思想行为的异同。
2. 两人一组，谈谈中国南北方人的差异。

提示：可以从下面几个方面来谈

（1）饮食
（2）气候
（3）人的长相、性格
（4）生活习惯
（5）观念

参考表达：

没头没脑　　上哪儿＋V　　说真的　　不可思议

第二部分

学一学　录音 43

口语表达

这么着　zhèmezhe

翻译	*used to introduce a suggestion*
解释	这样吧，表示下文是建议。
例子	1. A：他搬家啦？我还想去他家玩儿呢。 B：这么着，我带你去他家吧。 2. A：您看，这件事该怎么办呢？ B：这么着，你回去准备好所有的材料，明天我们一起去办。

……的，……的，……的　……de, ……de, ……de

翻译	(*used for enumeration*) some..., some..., and others...
解释	表示列举。
例子	1. 我的中学同学现在有当老师的，有当老板的，也有给别人打工的。 2. 我们班的同学有从非洲来的，从欧洲来的，还有从北美洲来的。

生　词

1	遭遇	zāoyù	（动）	to encounter, to come across
2	壮观	zhuàngguān	（形）	spectacular
3	高峰	gāofēng	（名）	peak
4	越野车	yuèyěchē	（名）	off-road vehicle
5	驾驶	jiàshǐ	（动）	to drive
6	路况	lùkuàng	（名）	road condition, traffic

7	缺憾	quēhàn	（名）	imperfection
8	精彩	jīngcǎi	（形）	wonderful
9	承受	chéngshòu	（动）	to bear, to endure

熟　语

没准儿
méi zhǔnr
perhaps, unreliable

说不定，不可靠。
例 1：都八点了，他还没来，没准儿他不想来了。
例 2：他的话可没准儿，让人没法相信。

听一听

课　文　**遭遇堵车**　录音 44

● **背景提示**

在很多国家，大城市生活的一部分是堵车。如果你遭遇堵车，你会怎么办？

一、听课文，选择正确答案

1. A. 坐地铁
   B. 坐公交车
   C. 开车
   D. 走路

2. A. 太拥挤
   B. 不准时
   C. 他家附近没有地铁
   D. 不会换车

3. A. 他不应该开车上班
   B. 他不应该买越野车
   C. 他不应该变懒
   D. 他不应该不坐地铁

4. A. 男的很晚才回家
   B. 男的坐地铁上班要换两次车
   C. 堵车的时候男的在玩儿游戏
   D. 女的建议男的坐地铁上班

5. A. 父女
   B. 夫妻
   C. 朋友
   D. 母子

二、根据提示词语完成对话

男：今天路上可堵了。

女：现在不是尾号限行吗？________________？（怎么）

男：尾号限行是________________。

女：________________。（没准儿）

男：上下班高峰坐地铁也是一场可怕的经历，人都快挤成照片了。

女：________________？（好歹）

男：从公司到咱家，要换两次。

女：我看你开车开得都变懒了，那么点儿路都不愿意走。________________，后悔了吧？（当初）

男：是，我错了！________________。（这么着）

女：有人说缺了一角的月亮比满月好看，有缺憾的生活才精彩。________________。（既然……就……）

三、三人一组，进行小组活动

采访你的同学，问问他们国家是采取什么办法缓解交通压力的。

参考表达：

没准儿　这么着　……的，……的，……的

说一说

一、根据所给情景和提示完成对话

在大城市工作压力比较大，生活节奏比较快，环境、交通都不太令人满意，但工作的机会比较多，生活面比较广；小城市生活比较舒适，但相对单调。你喜欢在大城市生活还是在小城市生活？

A：如果给你一个机会选择，你愿意出生在哪个城市？

B：____？（没头没脑）

A：你看咱们生活的这个城市，空气不好，堵车严重。真想换一个压力不大，没有污染的地方生活。

B：____？（上哪儿＋V）

A：我老家还算是一个适合居住的城市，四季如春，生活便利，物价不算高，人口也不太密。

B：听起来不错。__________________________________。（没准儿）

A：养老？你想得也太远了。不过，要是哪天工作得不开心了，我就回老家去。

B：好主意，我支持你。这里夏天太热，________________________，（这么着）你看怎么样？

A：欢迎。如果我回老家了，一定欢迎你夏天去我们那儿避暑。

B：____。（说真的）任何事情都是有两面性的。其实大城市也有大城市的好处，比如工作中会有更多的机会。

A：那倒也是。我的大学同学毕业后留在这里的，现在都混得不错。____。（……的，……的，……的）

B：哇，你的同学那么年轻就当上 CEO 啦！

二、小组活动

1. 两人一组，谈谈你对异国恋情的看法。

提示：可以从下面几个方面来谈

（1）日常生活习惯　（2）饮食　（3）文化

参考表达：没头没脑　上哪儿＋V　说真的

2. 三人一组，看图说话，谈谈你理想的适合居住的城市。

巴黎

纽约

旧金山

苏州

北京

上海

参考表达：没准儿　这么着　……的，……的，……的

8 涉世之初

讨 论

1. 你工作过吗？作为刚工作的新人你觉得应该注意什么？
2. 我们在和朋友、同学相处的时候，应该注意什么？

第一部分

学一学　录音 45

口语表达

光……就……　guāng……jiù……

翻译	only, alone
解释	只是，仅仅，表示强调。
例子	1. 这本书光看目录的标题就挺吸引人的。 2. 我光听他说几句话就知道他是个聪明人。

说的也是　shuō de yě shì

翻译	You've got a point.
解释	表示同意对方的看法。
例子	1. A：人与人之间应该互相包容。 B：说的也是。 2. A：既然是学生，就要多花些精力在学习上，不要花太多时间打工。 B：说的也是，可是我也想早点儿独立，不要再依靠父母。

就知道 jiù zhīdào

翻译	to know/do nothing but
解释	抱怨的语气。
例子	1. 他每天什么都不干，就知道玩儿游戏。 2. 他就知道抱怨，不知道解决问题。

生　词

1	制服	zhìfú	（名）	uniform
2	小丑	xiǎochǒu	（名）	clown
3	发愁	fā chóu		to worry
4	销售	xiāoshòu	（动）	to sell, to market
5	发牢骚	fā láosao		to grumble, to complain
6	策划	cèhuà	（动）	to plan
7	否定	fǒudìng	（动）	to negate, to deny
8	造物主	zàowùzhǔ	（名）	God, the Creator
9	麻利	máli	（形）	deft, agile
10	亲和力	qīnhélì	（名）	amiableness

专有名词

爱斯基摩人　Àisījīmó rén　Eskimos

熟　语

天生丽质
tiānshēng lìzhì
(of a girl) born beautiful

形容姑娘有一种天然生成的美丽。
例：她天生丽质，聪明能干。

听一听

热　身

一、听小对话，选择正确答案　录音 46

1. A. 男的的工作让人羡慕
   B. 男的理解他的朋友
   C. 男的不同意女的说的话
   D. 朋友找到了好工作

2. A. 急着想上班
   B. 应该住院治疗
   C. 丢了工作
   D. 工作没做好

3. A. 不喜欢她男朋友
   B. 夸奖她男朋友的长相
   C. 理解很重要
   D. 不要找外表好的男友

4. A. 要有自己的想法
   B. 有意见就提
   C. 前半年要多表现
   D. 要多听多看少说

5. A. 失望
   B. 生气
   C. 得意
   D. 难过

6. A. 女的买的东西太多
   B. 东西不好
   C. 家里乱七八糟
   D. 物价太贵

7. A. 不喜欢他的衣服
   B. 穿了别人的衣服
   C. 不想去工作
   D. 不爱发牢骚

8. A. 爱发牢骚
   B. 总把责任推给别人
   C. 对人很亲切
   D. 不爱开玩笑

二、下面你将听到一句话，听后请做出恰当的应答　录音 47

1. ________________________________（说的也是）
2. ________________________________（说的也是）
3. ________________________________（光……就……）
4. ________________________________（光……就……）

5. ____（就知道）

6. ____（就知道）

课 文 工作初体验 录音 48

● **背景提示**

刚开始工作的人可能总会有些担心，不知道怎么做才好，听听下面对话中的人怎么说。

一、听课文，判断正误

1. 女的换工作了。 （ ）
2. 男的认为女的经常发牢骚。 （ ）
3. 女的认为现在的工作比较自由。 （ ）
4. 男的认为刚到一个新的环境，要多看多说。 （ ）
5. 女的的同事认识爱斯基摩人。 （ ）
6. 女的觉得自己不如她的同事。 （ ）
7. 女的对人很亲切。 （ ）
8. 女的是男的的表妹。 （ ）

二、根据提示词语完成对话

男：你啊，不要老是拿以前的优点跟现在的缺点比。

女：____。（话是这么说）

男：我建议你到一个新的环境之后，____________________________。（最好）

女：说的也是。不过造物主真不公平。我的一个同事，天生丽质，聪明能干，我感觉自己怎么做也不如她。

男：____。（想开点儿）

女：好了，别安慰我了，我也不至于那么脆弱。

三、两人一组，谈一谈你的工作或打工的经历和经验

参考表达：

说的也是　　光……就……　　就知道

第二部分

学一学　录音 49

口语表达

更要命的是　gèng yàomìng de shì

翻译	more seriously
解释	更加糟糕的是。
例子	1. A：你看上去有心事。 B：哎，昨天我把朋友的手机弄坏了，更要命的是，他的手机非常高级。 2. 这次考试又没通过，更要命的是，我没有补考机会了。

不是我说你　bú shì wǒ shuō nǐ

翻译	No offense, but...
解释	责备的语气，表示对对方的行为有不同的看法。
例子	1. A：我新换了辆车，不错吧？ B：不是我说你，你换过几辆车啦？你也太不懂节约了！ 2. A：明天我们去滑雪吧！ B：不是我说你，那么冷的天，冻感冒了怎么办？

生　词

1	视频	shìpín	（名）	video
2	打呼噜	dǎ hūlu		to snore
3	脏兮兮	zāngxīxī	（形）	dirty
4	计较	jìjiào	（动）	to fuss about, to haggle over
5	怪癖	guàipǐ	（名）	eccentricity

熟　语

1	小肚鸡肠 xiǎodù jīcháng petty-minded, intolerant	形容人小气，不宽容。 例：这件事过去那么久了，他还对我有意见，真是个小肚鸡肠的人。
2	难以置信 nán yǐ zhìxìn unbelievable, incredible	很难相信。 例：他在运动会上夺得了八枚金牌，真叫人难以置信。

听一听

课　文　同屋之间　录音 50

● **背景提示**

你们有同屋吗？你们是怎么处理跟同屋之间的关系的呢？我们先来听听，下边的对话中，主人公遇到了哪些问题。

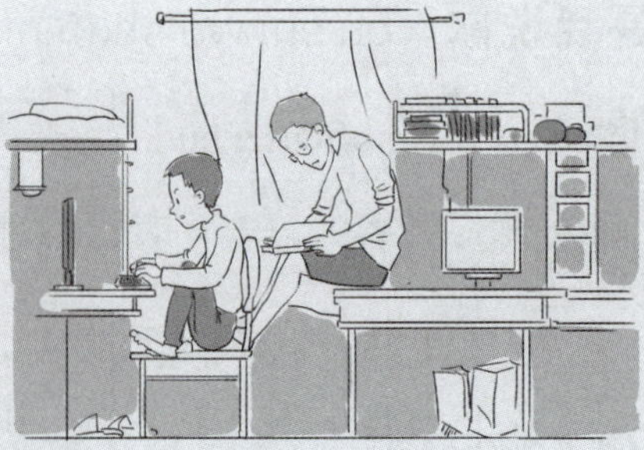

一、听课文，选择正确答案

1. A. 同屋的女朋友
   B. 同屋
   C. 朋友
   D. 自己的女朋友

2. A. 小肚鸡肠
   B. 好相处
   C. 爱计较
   D. 很随便

3. A. 同屋常带女朋友来
   B. 同屋晚上视频聊天儿吵得他不能睡
   C. 同屋常带很多人来房间
   D. 同屋总把房间弄脏

4. A. 男的一开始就不喜欢他同屋
   B. 男的给同屋送过生日礼物
   C. 男的肯定会换同屋
   D. 男的准备和同屋改善关系

二、根据提示词语回答下列问题

1. 男的受不了同屋什么？

视频　害得……　不得不　更要命的是　脏兮兮
难以置信　随便　甚至

2. 女的给男的什么建议？

趁此机会　朋友多了路好走　计较　改善　提醒

三、两人一组，进行小组活动

你有同屋吗？说说你和同屋的故事。

参考表达：

受不了　更要命的是

说一说

一、根据所给情景和提示完成对话

同学 A 觉得和人沟通很难。同学 B 推荐他看一本书，并和 A 讨论如何才能成为受人欢迎的人。

A：我觉得我和同学们很难沟通。

B：为什么？

A：你看，光是记他们的名字对我来说就很困难。你听，我的日本同学，汤屋什么什么惠、土川洋平，我的韩国同学，金志恩、全恩志，直到现在也分不清谁是谁。

B：______________________________。（不是我说你）

A：我也发愁呢，怎么才能更好地和人交往呢？

B：给你推荐一本书，叫作《沟通的艺术》，就是教我们怎么和人沟通的。给你读个标题，“让人喜欢你的六大秘诀”，你猜猜，哪六个？

A：聪明、漂亮、有钱……

B：______________________________。（就知道）

A：那你说说看。

B：第一是要学会说“对不起”。

A：______________________________。（说的也是）

B：第二是要了解别人的兴趣，就他感兴趣的话题交谈。

A：有道理。______________________________。（光……就……）

B：还有，善于倾听、关心别人、微笑等等。

A：听起来真不错，什么时候借我看看吧。

B：没问题。

二、小组活动

1. 三人一组，谈谈作为职场新人，应该注意哪些方面。

参考表达：说的也是　光……就……　就知道

2. 三个人一组，谈谈如何与人沟通，请列出六个关键词并做解释。

参考表达：更要命的是　不是我说你

复习二

听力部分

一、听小对话，选择正确答案　录音 51

1. A. 老赵是上周走的
   B. 女的对老赵不满
   C. 女的不知道老赵走了
   D. 没人知道老赵的情况

2. A. 他们担心旅行的钱不够
   B. 他们还没决定去不去
   C. 男的有点儿犹豫
   D. 女的不赞成去

3. A. 女的那天没赶上火车
   B. 女的不懂工作人员的意思
   C. 那趟火车开了一站就坏了
   D. 女的是跟旅行团去旅行的

4. A. 生气
   B. 不理解
   C. 安慰
   D. 着急

5. A. 女的认为带药可以预防万一
   B. 女的刚出去几天就病了
   C. 女的说的几样东西男的都不想带
   D. 男的东西多，所以不想带药

6. A. 完全赞成他的话
   B. 认为他说的没有道理
   C. 认为他说的不完全对
   D. 认为这种事无所谓

7. A. 喜欢开玩笑
   B. 生病了，不高兴
   C. 脾气很好
   D. 最近心情不好

8. A. 大家的钱花得值得
   B. 她认为小王肯定会有今天
   C. 她认为小王不该骗人
   D. 她不相信小王会这样

9. A. 着急看表
B. 没心思跟同事说话
C. 不等下班就离开
D. 小李好像有女朋友了

10. A. 男的受不了女友的脾气
B. 男的刚结婚就离婚了
C. 男的想跟女友分手
D. 这两个人是恋爱关系

11. A. 生气
B. 难过
C. 理解
D. 无所谓

12. A. 周围的人都对女的不满
B. 男的不知道怎么劝说女的
C. 女的不听男人的劝说
D. 女的不知道怎么改

13. A. 女的责怪男的
B. 女的选错了行业
C. 男的认为女的没做好
D. 男的不该让女的做这行

14. A. 觉得小李做得不好
B. 觉得小李没有错
C. 觉得男的应该批评小李
D. 觉得男的不应该管

15. A. 感激
B. 怀疑
C. 不满
D. 着急

16. A. 同屋穿她的衣服
B. 同屋在宿舍抽烟
C. 又要换宿舍
D. 别人不同情她

17. A. 男的误会了女朋友
B. 那对恋人分手了
C. 女的认为男的不对
D. 男的很自私

18. A. 男的的车坏了，今天没开车
B. 国贸桥就是男的要去的地方
C. 男的觉得地铁就是太挤
D. 女的建议男的坐地铁上班

19. A. 那个灯挺贵的
B. 那个灯是在附近买的
C. 那个灯是在超市买的
D. 那个灯不能用

20. A. 老李的妻子对他很不满
B. 女的对老李提出了批评
C. 老李还有机会满足妻子
D. 妻子喜欢的东西老李不喜欢

二、听短文，并口头概括 录音 52

短文一：脾气与健康

表达提示：

研究人员对……进行调查　　脾气与感冒的关系　　调查适应的人群

短文二：手机生活

表达提示：

手机带来方便，但也……　　第一个人的情况　　第二个人的情况
专家认为

口语部分

一、用指定的表达式或词语完成对话

1. 男：老婆，今天做这么多菜呀，我来给你帮忙吧。
   女：不用了，你就等着尝我的手艺吧。唉，你今天怎么这么晚才下班啊？
   男：我趁着大家都下班了，办公室安静，把明天的计划做了一下。
   女：________________________________。（就知道）
   男：哎呀，糟糕，________________________________，（我说……怎么……呢）你别生气啊。
   女：这次就原谅你了，下次再忘了，我可不原谅啊。
2. 女：你是说小王要跟咱们一起去唱歌？
   男：________________________________？（这有什么……的）
   女：他那个人到了歌厅就是麦霸，有他去，别人谁还能唱？算了，我不去了。
   男：________________________________。（他V他的，你V你的）
   女：哪还轮得上我唱啊？上那儿听他唱，还不如我在房间听音乐呢。

男：________________________。（说什么也得……）

女：好吧，看着你的面子，我去。

3. 女：你干吗不同意给孩子买手机啊？

男：________________________。（一旦……，就……）

女：可是，手机对孩子还是有用的。

男：________________________？（上哪儿……啊）

女：你看啊，有时候学校放学晚了，咱们不是得担心吗？________________________。（还是……的好）

男：________________________。（不是我说你）

女：我这也不算惯孩子，我是觉得手机对孩子确实有用。

4. 男：跟谁生气呢？瞧，把你气成这样！

女：今天我上地铁，买了杯豆浆，车厢里人多，就把杯子举得高高的，________________________。（免得……）没想到一个可恨的家伙趁我不注意，竟然喝我的豆浆！

男：________________________。（没准儿）

女：我认识他是谁啊？我给他喝。

男：哈哈哈，________________________。（说真的）

女：还真是，这样的人还真少见。

5. 女：我看咱们这次去北京，顺便去一趟天津吧。我查了，从北京到天津坐动车不到半个小时就能到。

男：咱们只有四天时间，________________________。（光……就……）

女：可是这两个城市离得这么近，不去一趟多遗憾啊！

男：________________________。（这样吧）

女：对呀，这个主意不错。咱们晚上到天津，看看天津的夜景，吃顿饭，第二天早上再回北京，这样就不耽误游览北京了。

6. 男：怎么了？看什么呀？

女：________________________。（不对劲儿）

男：有什么不对劲儿？

女：今天早上你走的时候，我记得你戴的不是这条领带。

男：________________________。（动不动）

女：我才没瞎猜呢，我敢肯定你戴的不是这条，是那条蓝色的，是我亲自找出来的，那还有错！

7. 女：老公，你整天工作这么忙，不锻炼锻炼，会出问题的。
男：你看我每天回到家八点多，吃完饭九点多了，看看电视、休息休息就该睡觉了，哪有时间锻炼啊？
女：你年纪轻轻的，才 40 多岁就血压高，______________________________。（落得……下场）
男：______________________________。（都是……，所以才……）
女：你怎么能这么说呢？你给家里挣钱还不是应该的？
男：______________________________。（还是……的好）
女：男人是比女人辛苦。算了，你就别抱怨了，谁让你是男人，又是丈夫和父亲呢？
8. 男：最近空气太不好了，咱们尽量少出门吧。
女：是啊，专家说这样的空气对人的健康影响很大。
男：可不，______________________________。（轻的……，重的……）市政府说要治理空气环境，可是这么多年也没治理出什么效果来。
女：______________________________。（更要命的是）
男：我看别人咱管不了，咱们自己就别买车了，不要再给城市的空气增加负担了。

二、选择一个情景，两人或三人一组进行会话

要求：对话中应至少使用 5 ~ 6 个表达式。

1. 劝朋友不要发火

情景：你的朋友来跟你（们）说他昨天跟同屋吵架的事。他说了同屋的很多行为，还说他曾经跟他同屋谈过很多次，可是同屋就是不改，所以昨天他终于忍不住跟同屋吵了起来。

现在他们俩谁都不理谁，他不知道以后该怎么办。

朋友诉说的事情有些确实是同屋不对的地方，但有的是误解了同屋。你（们）劝他不要吵架，要好好说，并向他介绍你自己的经历和经验，教他如何消气。

第一个人要说明同屋三个以上让自己不满的行为，并说明自己是怎么处理的。

其他人要举出一个以上的例子，讲出两个以上的道理，并介绍三个以上消气的办法。

语气：气愤、不理解、劝说、表示态度

2. 如何办理手机业务

情景：有一位新同学要买手机，他听说手机业务比较复杂，不知道该选哪种好，来向老同学请教。

两位老同学，一位使用的是3G号码，一位使用的是普通号码，两个人都坚持说自己的选择好，因为他们都有过错误选择的经验，最后才确定了现在的选择。

要求谈到以下几个方面：

（1）选择手机号码的方法
（2）了解手机的主要用途
（3）介绍经济合理的付费方式
（4）说明如果使用手机上网的话该怎么做

语气：不服、否定、说明、感谢

3. 交流旅行经验

情景：两位朋友刚刚从某地旅行回来，给大家看照片，讲述旅行中有意思的事情。

别的朋友向他们询问这次旅行是怎么做到如此满意的，他们把自己好的经验和不满意之处以及旅行攻略跟大家分享。

要求谈到以下几个方面：

（1）购票的途径
（2）既便宜又好的住宿
（3）发现地道的美食
（4）计划游玩路线
（5）行装的准备

语气：得意、说明、否定、肯定、询问、称赞

参考表达：

一股脑儿　我V我的，他V他的　落得……下场　轻的……，重的……
一旦……，（也）就……　动不动　不管不顾　都是……，所以才……
免得……　还是……的好　我说……怎么……呢　说什么也得……
能不……就不……　时不时　这有什么……的　上哪儿……啊　说真的
没头没脑　这么着吧　……的，……的，……的　没准儿　光……就……
就知道　说的也是　更要命的是　不是我说你

9 剩男剩女

BLIND DATE?

讨 论

1. 一些男女青年因为工作压力大没时间谈恋爱，有些男青年担心婚后生活压力大不敢结婚，成了剩男剩女，你对这种现象怎么看？
2. 你认为 30 岁左右没有结婚，或者没有对象算晚吗？如果你年龄大了，成了所谓的剩男剩女，你会去相亲吗？

第一部分

学一学　录音 53

口语表达

别说……，就连……都……　biéshuō……, jiù lián……dōu……

翻译	even..., let alone/not to mention...
解释	同"不但……，而且……"，说明后一种情况比前一种程度更深。
例子	1. 你可别小看他。别说举 50 公斤的东西，就连 100 公斤的他都能举起来。 2. 别说汉语普通话了，就连广州话迈克都说得很好。

再……不过了　zài……bú guò le

翻译	couldn't be more...
解释	表示某事达到了极点，"再"后面为形容词。
例子	1. 这么热的天气，要是能在大海里游个泳是再好不过了。 2. 你说他小气？他可是再大方不过了。

难道……吗？ nándào……ma?

翻译	*used to give force to the tone of a rhetorical question*
解释	用在反问句中，加强反问的语气。
例子	1. 一到周末老板就让我们加班，难道我们就不累，就不该休息吗？ 2. A：你要想让妻子同意，应该好好跟她商量，不能急。 B：我已经很有耐心了，难道我还得求她不行吗？

生　词

1	一辈子	yíbèizi	（名）	a lifetime, all one's life
2	对立	duìlì	（动）	to contradict, to oppose
3	伸手	shēn shǒu		to reach out one's hand
4	淘汰	táotài	（动）	to weed out, to sift out
5	意味着	yìwèizhe	（动）	to mean, to imply
6	追求	zhuīqiú	（动）	to pursue, to seek
7	奋斗	fèndòu	（动）	to strive, to work hard
8	柴米油盐	chái mǐ yóu yán		fuel, rice, cooking oil and salt—daily necessities

听一听

热　身

一、听小对话，选择正确答案　录音 54

1. A. 兰兰提出跟男友分手
   B. 男的不想在上海工作
   C. 女的认为兰兰不会那样做
   D. 男的不了解兰兰

2. A. 出国学生中没有他
   B. 犹豫要不要去留学
   C. 父母不会给他留学的钱
   D. 不想放弃留学的机会

3. A. 男的的家乡发展得比较快
   B. 男的的家乡发展得很慢
   C. 女的知道男的在骗他
   D. 他们在谈论手机的问题

4. A. 女的觉得 100 万的房价太贵
   B. 女的认为他们没能力买房
   C. 男的认为女的的想法不对
   D. 男的没办法说服女的

5. A. 女的是小强的女友
   B. 小强不吸引女孩子
   C. 女的找对象的要求很高
   D. 女的认为小强感情不认真

6. A. 男的对所说的情况不满意
   B. 男的对小梅很不满
   C. 他们说的是一个俱乐部的事
   D. 这个公司大龄女职员很多

7. A. 不喜欢跟男的聊天儿
   B. 每天中午都跟同事聊天儿
   C. 有很多重要的事跟同事说
   D. 对这个男的不感兴趣

8. A. 现在在政府工作
   B. 他爸爸帮他安排了工作
   C. 没什么能力
   D. 没人相信他

二、下面你将听到一句话，听后请做出恰当的应答 录音 55

1. ________________________（别说……，就连……都……）
2. ________________________（别说……，就连……都……）
3. ________________________（再……不过了）
4. ________________________（再……不过了）
5. ________________________（难道……吗？）
6. ________________________（难道……吗？）

课文 你能跟我辛苦一辈子吗？ 录音 56

● **背景提示**

“你能跟我辛苦一辈子吗？”你能想象这是一句求婚的话吗？现在一些年轻人对物质的要求越来越高，没房不嫁，没车不嫁，婚姻变成了交易。真希望能从越来越多的恋人口中听到这句求婚的话。

一、听课文，判断正误

1. 男人有房子是现在很多中国女孩子结婚的条件。 (　　)
2. 男的对提出房子要求的人不赞同。 (　　)
3. 中国父母只要孩子向他们要钱就给。 (　　)
4. 日本年轻人从高中到大学的钱都是向父母借的。 (　　)
5. 从对话看，男的不是有实力的恋爱对象。 (　　)
6. 日本人的求婚方式跟别的国家不同。 (　　)
7. 男的认为婚后共同奋斗才更浪漫。 (　　)
8. 男的认为追求爱情就不应该追求财富。 (　　)

二、根据提示词语用对话中男士的口吻说说“他”对房子与婚姻关系的看法

怎么能保证　　在……的一刻　　向……伸手　　再……不过了

追求　　不能对立　　“鱼”和“熊掌”可以兼得

三、下列图片中的东西是现代一些年轻人对结婚的物质要求。模仿课文，就选择结婚对象是否应该看重这些物质条件采访你的同学

戒指

婚宴

房子

名车

参考表达：

我有个问题，难道……吗？	会不会……？
可是我们一般了解的……	哦，这就意味着……？
如果有人问你……，你究竟怎么回答？	会不会对你提出这样的要求？
究竟哪个……？	

第二部分

学一学　录音 57

口语表达

但愿如此　dàn yuàn rúcǐ

翻译	I wish it were true. / I hope so.
解释	希望是这样。
例子	1. A：你长得好，工作又好，这么好的条件，肯定能找到个好老公。 B：但愿如此吧。 2. A：虽然下雨，但是没有打雷，估计飞机可以起飞吧。 B：但愿如此。

生　词

1	相亲	xiāng qīn		to size up a prospective mate in an arranged meeting, to have a blind date
2	剩	shèng	（动）	to be left (over)
3	异性	yìxìng	（名）	opposite sex
4	圈子	quānzi	（名）	circle, coterie

5	出乎意料	chūhū yìliào		exceeding one's expectations, unexpectedly
6	模式	móshì	（名）	pattern, model
7	瞒	mán	（动）	to hide the truth from
8	匹配	pǐpèi	（动）	to match
9	冒昧	màomèi	（形）	bold, audacious, presumptuous
10	荒	huāng	（形）	waste, uncultivated

注释：

剩男剩女：如果到了大龄还没有找到自己的另一半，就是所谓的“剩男剩女”。社会上流行一种说法，把25到27岁列为“初级剩客”，28到31岁列为“中级剩客”，32到36岁列为“高级剩客”。

听一听

课文　相亲　录音 58

● **背景提示**

现在剩男剩女越来越广泛地引起了社会的注意，于是就出现了各种形式的相亲活动，相亲也成了剩男剩女选择的一种认识异性的方式。

一、听课文，判断正误

1. 男的和女的对相亲的态度不同。（　　）
2. 女的对相亲持赞成态度。（　　）
3. 去相亲角的往往不是要找对象的本人。（　　）

4. 女的的父母替她去相亲了。 (　　)

5. 因为女的已经 26 了，所以她认为自己是剩女了。 (　　)

6. 女的大学毕业时还没有男朋友。 (　　)

二、根据提示词语回答下列问题

1. 女的对相亲角这种找对象的方式怎么看？

不应对立起来　　……也好，……也好　　是好还是坏

2. 男的听到女的对相亲的看法后是什么反应？为什么？

出乎意料　　像……会讨厌

3. 去相亲角的父母是怎么做的？

把……，比如……啊，……啊　　瞒着……去……

4. 女的对 26 岁这个年龄怎么看？

按……的看法　　算是　　一旦……似乎……　　荒了

5. 男的对女的看法如何？

荒　　心态

说一说

一、根据所给情景和提示完成对话

> 儿子要跟女朋友分手，可是妈妈认为这个女孩子挺好的，劝儿子再考虑一下。但听儿子说出分手的原因后，妈妈也同意了。

（语气：抱怨、不满）

母亲：小鹏，你跟林红谈了一年多了，不能说分手就分手。

小鹏：我们俩真的没法再继续了。

母亲：说实在的，我觉得林红这孩子挺好的，我还挺喜欢她的。

小鹏：不是林红的问题，是她家里反对。

母亲：家长能不顾孩子的感情吗？让林红再好好跟她父母谈谈。

小鹏：____。（再……不过了）

母亲：她妈妈到底对你哪点不满意？

小鹏：还不是嫌我收入少，职位低。

母亲：对一个刚工作的人哪能要求那么高？

小鹏：现在这个社会不都是这样看重经济条件吗？不过林红倒不是这样的人。她了解我的能力，也相信我们将来会好的。

母亲：____？（难道……吗）

小鹏：刚开始林红认为她妈妈会转变态度，但是前一段时间她跟我说，家里的压力实在是太大了，她不想让妈妈不高兴，还是分手算了。

母亲：要是这样，分了也好，免得你以后受她家的气。哦，对了，前一段时间王阿姨还要给你介绍对象呢，我告诉她你有女朋友了，就没再提。要不，我再问问她？

小鹏：妈，算了吧！我现在不想考虑这个问题。我想还是先把工作做好再说。

母亲：工作是工作，恋爱是恋爱，怎么能对立呢？该谈还是得谈，再说你也不小了。

小鹏：______________________________。（别说……，就连……都……）

母亲：孩子，这是你一辈子的事，你自己可别不当回事啊！

小鹏：妈，您就放心吧！儿子会给您娶一个好儿媳的。

母亲：但愿如此。

三、把下面的故事讲下去，故事可以有两个结尾（自己设计故事情节的发展）

故事背景：

小刚和美美在大二的时候相识，小刚来自北方的一个小城，美美是一个上海姑娘。他们眼看快要毕业了，两个人开始为毕业后的生活做打算……

结尾1：小刚和美美毕业一年后结为夫妻。

结尾2：小刚和美美毕业后分手了。

四、根据下图讲故事

参考表达：

别说……，就连……都……　　再……不过了　　难道……吗？

但愿如此　　在……的一刻　　究竟哪个……　　怎么能保证

出乎意料　　意味着　　……也好，……也好

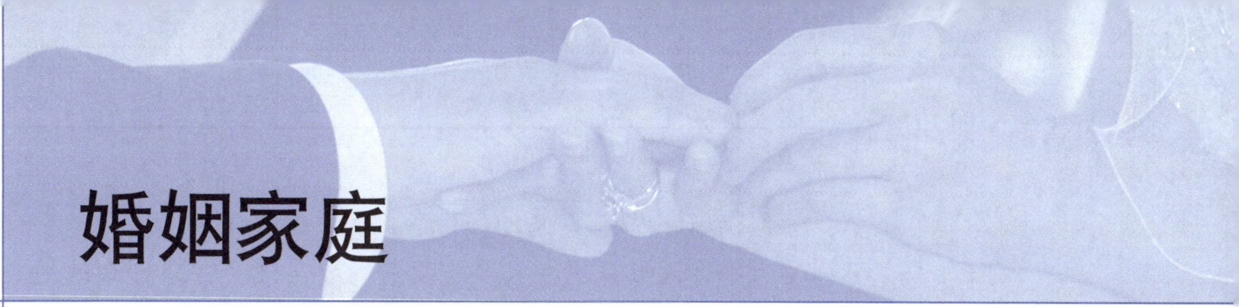

10 婚姻家庭

讨 论

1. 你认为结婚需要哪些条件？
2. 你觉得恋人或夫妻和睦相处，最重要的是什么？

第一部分

学一学　录音 59

口语表达

没得商量　méi de shāngliang

翻译	no way, out of the question
解释	意思是没有什么可商量的，没有商量的余地，表示说话的人态度很坚决。
例子	1. A：妈妈，我明天再做作业吧，先看会儿电视。 B：没得商量，今天的作业必须今天做完。 2. A：我再抽一根烟吧，就一根，我都好几天没抽烟了。 B：这事没得商量，大夫都说了，你必须戒烟。

要 A 没 A，要 B 没 B / 要 A 有 A，要 B 有 B
yào A méi A, yào B méi B / yào A yǒu A, yào B yǒu B

翻译	“要 A 没 A，要 B 没 B” means one is wanting in everything he/she needs; on the contrary, “要 A 有 A，要 B 有 B” means one has everything he/she needs.
解释	“要 A 没 A，要 B 没 B”指条件不好，需要的东西都没有。相反的，如果条件好，可以说“要 A 有 A，要 B 有 B”。

例子	1. A：你们俩啊，都谈了这么多年了，也该结婚了。 B：过两年再说吧，现在我要房没房，要车没车，拿什么结婚？ 2. 你现在要钱有钱，要时间有时间，为什么不去旅游呢？

生　词

1	裸	luǒ	（动）	to be naked
2	钻戒	zuànjiè	（名）	diamond ring
3	婚纱照	hūnshāzhào	（名）	wedding photo
4	度蜜月	dù mìyuè		to spend a honeymoon
5	踏实	tāshi	（形）	free from anxiety, at peace
6	起码	qǐmǎ	（形）	minimum, at least
7	仪式	yíshì	（名）	ceremony
8	礼服	lǐfú	（名）	ceremonial dress
9	张罗	zhāngluo	（动）	to attend to, to get busy about
10	关键	guānjiàn	（名）	key point, crux
11	新人	xīnrén	（名）	bride or groom
12	由不得	yóubude	（动）	to be beyond the control of, to be not up to sb. to decide
13	委屈	wěiqu	（动、形）	to put sb. to great inconvenience; feeling wronged, being misunderstood
14	补	bǔ	（动）	to fill, to make up for

熟　语

1 水到渠成
shuǐdào qúchéng
where water flows, a channel is formed—when conditions are ripe, success is assured

水流到的地方自然形成一条水道。比喻到了一定的时机，自然会成功。
例：平时努力训练，实力达到了，得冠军就是水到渠成的事儿了。

2 过了这（个）村就没这（个）店了 guò le zhè(ge)cūn jiù méi zhè(ge)diàn le once you leave this village, the inn is nowhere to find—opportunity knocks but once	比喻现在错过了，就再也不会有这样的机会了。 例：赶上这个机会可不容易，你得想好了，过了这个村就没这个店了。
3 言不由衷 yánbùyóuzhōng to speak insincerely	指说的不是真心话。 例：做这个工作，总是要说一些言不由衷的话，这让他很不开心。

听一听

热 身

一、听小对话，选择正确答案　录音 60

1. A. 认为这是一个好机会
   B. 跟男的想法一样
   C. 认为公司做得不对
   D. 反对男的去

2. A. 惊讶
   B. 气愤
   C. 失望
   D. 平静

3. A. 儿子的事情还要再商量商量
   B. 他想让儿子跟着妻子
   C. 他不同意儿子跟着妻子
   D. 儿子的事已经商量过了

4. A. 他觉得现在的条件很好
   B. 他对这儿的条件感到惊喜
   C. 他对将来充满信心
   D. 他对将来的前途很担心

5. A. 男的希望办婚礼
   B. 女的很想办婚礼
   C. 男的的妈妈一定要办婚礼
   D. 女的的妈妈一定要办婚礼

6. A. 他们家现在生活条件不好
   B. 男的给总经理当秘书
   C. 女的每天都很忙
   D. 男的时间安排得很紧

7. A. 他的东西太多了
   B. 他家里着火了
   C. 他要搬家
   D. 他在打扫卫生

8. A. 打电话
   B. 做饭
   C. 考察
   D. 准备资料

二、下面你将听到一句话，听后请做出恰当的应答　录音 61

1. ______________________（没得商量）
2. ______________________（没得商量）
3. ______________________（没得商量）
4. ______________________（要A没A，要B没B）
5. ______________________（要A没A，要B没B）
6. ______________________（要A没A，要B没B）

课文　"裸婚"　录音 62

● **背景提示**

在经济不景气的情况下，越来越多的年轻人选择了"裸婚"——没房、没车、没钻戒；不办婚礼、不照婚纱照、不度蜜月。两个人领个结婚证，这婚就算是结了。"裸婚"的流行，到底是一种时尚，还是一种无奈？

一、听课文，回答问题

1. 什么是"裸婚"？

____

2. 男的对"裸婚"怎么看？

____

3. 女的对“裸婚”怎么看？

____

4. 小刘为什么跟女友分手了？

____

5. 女的对婚礼怎么看？

____

6. 男的是怎么结婚的？

____

二、听课文，判断正误

1. 女的认为房子和车子是必须有的。（　　）
2. 男的跟女朋友分手了。（　　）
3. 小刘的女朋友看上一个房子，因为太贵了，小刘不同意买。（　　）
4. 女的认为如果没有婚礼就不算结婚。（　　）
5. 男的结婚时没有举办婚礼。（　　）
6. 男的结婚时父母请亲戚们吃了一顿饭。（　　）
7. 女的认为“裸婚”并不是出于时尚。（　　）

三、根据提示，分别说一说课文中的两个人对“裸婚”的看法

男：1. 爱情是基础
　　2. 男的跟女的的想法可能不一样（朋友的例子）
　　3. 选择什么结婚方式，关键是看新人自己（自己的例子）
女：1. “半裸”可以接受，“全裸”不行
　　2. 父母和周围人的看法
　　3. 选择“裸婚”是出于无奈

第二部分

学一学　录音63

口语表达

没什么好……（的） méi shénme hǎo……（de）

翻译	there is no need to..., there is nothing worth...
解释	指某种做法没有用、不需要或没有意思，也可以用反问形式"有什么好……（的）？"
例子	1. A：明天我们去天津，你去吗？ B：天津啊，没什么好玩儿的，我都去过三次了。 2. A：你来讲一讲你的看法？ B：我想到的刚才大家都说过了，我也没什么好讲的了，我同意大家的意见。

生词

1	闪	shǎn	（动）	to flash
2	不和	bùhé	（形）	on bad terms, at odds
3	闹	nào	（动）	to be troubled by
4	人群	rénqún	（名）	crowd, throng
5	婚姻登记处	hūnyīn dēngjìchù		marriage registry
6	薄弱	bóruò	（形）	weak, frail
7	遥控器	yáokòngqì	（名）	remote control
8	调解	tiáojiě	（动）	to mediate, to make peace
9	淡薄	dànbó	（形）	weak, deficient
10	和谐	héxié	（形）	harmonious

熟　语

啼笑皆非 tíxiào jiēfēi to find sth. both laughable and irritating	哭也不是，笑也不是，不知如何才好。形容处境尴尬或既令人难受又令人发笑的行为。 例：他这个人太马虎。就说昨天早上吧，出来忘了带手机，忙回家去取。后来手机倒是取来了，钥匙又忘到家里了，让人啼笑皆非。

听一听

课　文　“闪婚闪离”　录音 64

● **背景提示**

“闪婚”是闪电式结婚的简称，从认识到结婚时间相当短，有的只认识一天就结婚。通常认为认识不到 3 个月结婚都算是闪婚。相应的，“闪离”的意思相信你一定能猜出来了。

一、听课文，判断正误

1. 父母对子女的婚姻生活太关心，也是子女离婚的原因之一。（　　）
2. 一对年轻夫妻因为矛盾严重，结婚三天就离婚了。（　　）
3. 很多“闪离”的原因都是一些很小的事情，但是离婚双方态度却非常坚决。（　　）
4. 心理专家认为从认识到结婚，一般应该经过一年半的时间去了解。（　　）

二、根据提示词回答下列问题

1. 什么是“闪婚”？什么是“闪离”？

简称　　时间短　　通常认为

2.“闪婚”和“闪离”的原因主要是什么？

了解　婚后　另一方面

3. 年轻人“闪离”很多是因为一些小事，课文中举了哪些例子？

抢……打架　因……引起矛盾　坚决　没什么好……（的）

4. 专家认为闪婚、闪离有什么危害？

不仅……还……　或多或少　影响

三、讨论

你对“闪婚闪离”有什么看法？你认为夫妻双方应该怎样对待婚姻中出现的问题？

参考表达：

没得商量
要A没A，要B没B
没什么好……的

说一说

一、根据所给情景和提示完成对话

> 国际间的交流越来越广泛，跨国婚姻现象也越来越流行，下面两个人在谈自己对跨国婚姻的看法。

A：爱情是婚姻的基础，而爱情是不分国度的，所以我认为，只要有爱情，对方是哪国人不是问题。

B：话是这么说，可是生活习惯差别这么大，迟早会闹矛盾。

A：我觉得生活习惯不是太大的问题。现在男女平等，大家都能够靠自己的能力独立生活，习惯不同的话，就自己做自己的，只要有感情，没问题的。再说，生活习惯是可以改变的，________________。（过了这个村就没这个店了）

B：可是结婚毕竟不是两个人的事，还要涉及双方的家庭。

A：________________。（没什么好……的）

B：除了生活习惯，跨国婚姻最大的问题可能是观念的问题。比如说，东方人可能家庭观念更重一些，受家庭、父母影响更大一些，有些事________________。（由不得）

A：我觉得只要真正相爱，所有这些都不是什么问题。

二、小组活动

辩论：有人说，婚姻是爱情的坟墓；也有人说，婚姻是爱情的归宿。你的看法呢？

辩论题目：婚姻是爱情的坟墓吗？
正方：婚姻是爱情的坟墓
反方：婚姻不是爱情的坟墓
参考表达：没得商量　要A没A，要B没B　由不得　没什么好……的

11 家庭琐事

讨 论

1. 男人和女人在处理问题时有什么不同？
2. 你认为家庭内部怎么分工比较好？

第一部分

学一学 录音 65

口语表达

自己……自己的 zìjǐ……zìjǐ de

翻译	to do sth. on one's own, to do things separately without interfering in each other's business
解释	“自己……自己的”意思是不靠别人，独立去做某件事；或者各自做自己的事情，不跟别人一起。
例子	1. 考试时大家自己做自己的，不要互相说话。 2. A：中午咱们几个人一起吃饭吧？ B：时间来不及，还是自己吃自己的吧。

A 也好，B 也好，只要……就…… A yěhǎo, B yěhǎo, zhǐyào……jiù……

翻译	either A or B will be OK as long as...
解释	表示无论是 A 还是 B，只要具备某种条件就有某种结果。
例子	1. A：你也想想办法，帮着小明找找工作啊。 B：不用着急，当工人也好，当白领也好，只要他能养活自己就行了。 2. 将来成功也好，失败也好，只要努力了，就没什么遗憾。

生　词

1	梅花鹿	méihuālù	（名）	spotted deer
2	防御	fángyù	（动）	to defend, to guard
3	圈儿	quānr	（名）	circle
4	大陆	dàlù	（名）	continent
5	够戗	gòuqiàng	（形）	tricky, hard, not so easy
6	敏感	mǐngǎn	（形）	sensitive, susceptible
7	躲	duǒ	（动）	to avoid, to keep away from
8	隐私	yǐnsī	（名）	privacy, private matter
9	分享	fēnxiǎng	（动）	to share

专有名词

哥伦布	Gēlúnbù	Christopher Columbus (1451-1506), an Italian explorer and navigator

熟　语

快人快语
kuàirén kuàiyǔ
straightforward talk from a straightforward person

直爽的人说直爽的话。
例：他这个人就是这样，快人快语，心里怎么想就怎么说，你不用想那么多。

听一听

热　身

一、听小对话，选择正确答案　录音 66

1. A. 谈好了
   B. 还没谈
   C. 不知道结果
   D. 没谈好

2. A. 一起吃
   B. 各吃各的
   C. 男的不吃饭
   D. 没时间一起吃

3. A. 办展销和做广告的方法很好
   B. 女的已经完成了任务
   C. 女的非常努力
   D. 女的没有完成任务

4. A. 她觉得小李他们爬不上去
   B. 她觉得自己肯定爬不上去
   C. 她觉得自己不一定能爬上去
   D. 她觉得自己已经爬不动了

5. A. 应该买个新洗衣机
   B. 洗衣机能修好
   C. 买洗衣机的钱够了
   D. 家里不需要洗衣机

6. A. 老张能力很强
   B. 女的说话很直接
   C. 男的不同意女的说的
   D. 男的觉得女的应该直接说

7. A. 他们在打电话
   B. 现在八点半
   C. 女的觉得坐地铁好
   D. 男的觉得开车能准时到

8. A. 小丽太爱说话了
   B. 小丽太爱问问题了
   C. 小丽不爱小张了
   D. 小丽总担心小张不爱她

二、下面你将听到一句话，听后请做出恰当的应答 录音 67

1. ______________________________（自己……自己的）
2. ______________________________（自己……自己的）
3. ______________________________（自己……自己的）
4. ______________________（A 也好，B 也好，只要……就……）
5. ______________________（A 也好，B 也好，只要……就……）
6. ______________________（A 也好，B 也好，只要……就……）

课文 梅花鹿和狗 录音 68

● 背景提示

小刘和丈夫小张结婚快两年了，婚后小刘觉得丈夫变得越来越陌生。因为丈夫干什么事情都不和自己商量，要是问多了，他干脆就一个字也不说了。快人快语的小刘现在和丈夫一起待一天说的话也超不过三句。为此，他们找到了婚姻问题专家李先生。

一、听课文，选择正确答案

1. A. 丈夫打妻子
   B. 丈夫觉得妻子什么都不告诉他
   C. 妻子觉得丈夫什么都不告诉她
   D. 他们没有共同语言

2. A. 丈夫不让妻子进自己的房间
   B. 丈夫不愿意进妻子的房间
   C. 丈夫画了一个圈儿，不让妻子进来
   D. 有些事情丈夫不愿意告诉妻子

3. A. 有些事情解释不清楚
   B. 他觉得妻子问得太深入
   C. 他不爱说话
   D. 他觉得妻子只是随口问一句

4. A. 她觉得自己问得太多了
   B. 她觉得自己问丈夫问题是正常的
   C. 她觉得丈夫做了坏事
   D. 她觉得自己不需要告诉丈夫那么多

5. A. 丈夫不应该像哥伦布那样
   B. 要想成功就不应该结婚
   C. 男人和女人想法不同
   D. 丈夫应该向哥伦布学习

6. A. 只要想法相同，就能和睦相处
   B. 如果想法不同，可以自己做自己的
   C. 只要尊重对方的习惯，就能和睦相处
   D. 如果性格不同，就无法在一起

二、根据提示词回答下列问题

1. 那对夫妻遇到了什么问题？

陌生　防御心　举个简单的例子　复杂

2. 梅花鹿和狗怎么才能和睦相处？

把……当……

三、讨论

你认为这对夫妻最大的问题是什么？丈夫有没有问题？妻子有没有问题？他们分别应该怎么做？

第二部分

学一学　录音 69

口语表达

何止啊　hézhǐ a

翻译	*a rhetorical question used to indicate a number or extent far greater than the one given*
解释	以反问的语气表示数目或程度不止。
例子	1. A：这个皮箱得五百块吧？ B：何止啊？花了一千多。 2. A：你论文快写完了吧？ B：何止啊？还有两万多字呢！

要我说呀……　yào wǒ shuō ya……

翻译	Personally, I think...
解释	表达说话人的看法。
例子	1. 要我说呀，这家小饭馆的菜比大饭店的还好吃。 2. 要我说呀，明天还是请假在家休息一天吧，等好点儿了再上学。

生　词

1	睡衣	shuìyī	（名）	pajamas
2	窗帘	chuānglián	（名）	curtain
3	何止	hézhǐ	（动）	to be far more/greater than
4	价目表	jiàmùbiǎo	（名）	price list
5	家政	jiāzhèng	（名）	housekeeping
6	伺候	cìhou	（动）	to serve, to attend to

熟 语

真有两下子 zhēn yǒu liǎngxiàzi to be really capable	口语，真有能力，真有本事。 例：他真有两下子，自己会修汽车。

听一听

课 文 没领的工资 录音 70

● **背景提示**

如果你有了自己的家庭，你是选择继续工作还是放弃工作、照顾家庭？

王芳失业了，只好在家做家庭主妇。最近她很苦恼，她的丈夫李涛看出了她的烦恼，他会怎么做呢？

一、听课文，判断正误

1. 王芳现在没有工作。 （ ）
2. 王芳以前的工作工资不算高。 （ ）
3. 丈夫认为王芳在家做家务比出去工作好。 （ ）
4. 王芳没有天天洗衣服。 （ ）
5. 这星期王芳还洗了窗帘。 （ ）
6. 王芳自己做家务，每月能省三百多块。 （ ）
7. 如果请别人照顾老人每月要花 800 元。 （ ）
8. 听了丈夫的话，王芳不再烦恼了。 （ ）

二、听课文，回答问题

1. 王芳失业后的生活怎么样？

____

2. 从王芳和丈夫的对话中可以看出丈夫是个怎样的人？

____

3. 最后王芳为什么很高兴？

____

三、讨论

中国有句话叫作“男主外，女主内”，你同意这句话吗？请谈谈你的看法。

说一说

一、根据所给情景和提示完成对话

> 要想处理好夫妻之间的关系，首先要了解男人和女人之间在处理问题方式上的不同。认识到这一点，可以更好地理解对方。

A：我们俩现在都没什么交流，白天上班各忙各的，晚上回家也是______________________________。人家说婚姻是爱情的坟墓，我现在真的相信了。（自己……自己的）

B：______________________________。（要我说呀）

A：谈？怎么谈？我觉得我现在一说话他就烦。他跟我根本就无话可说。

B：我觉得男女之间处理问题的方式是有很大不同的，你们都应该了解对方的习惯和方式，这样才能更好地相处。

A：你说两个人都下班了，聊一聊白天上班的事情，遇到什么不开心的事，互相安慰一下，这不是正常的吗？可是他倒好，就是嗯嗯啊啊地随口答应，我觉得他根本没听我说话。

B：这就是差异啊，女人总是希望有人分享自己的喜怒哀乐，男人却希望能够互相给对方一点儿空间。

A：他总嫌我唠叨，其实我唠叨也是关心他啊。

B：所以说，____________________________。（A 也好，B 也好，只要……就……）

二、小组活动

讨论：

一位美国心理学家写了一本书，叫《男人来自火星，女人来自金星》。这本书的目的是让男人读懂女人，让女人读懂男人，了解彼此，认识到男女之间是不同的。请大家想一想，根据你的经验和经历，你认为男女之间在行为处事上存在哪些不同？

参考表达：

自己……自己的　　A 也好，B 也好，只要……就……

何止啊　　要我说呀……

12 未来生活

讨　论

现代科学技术飞快发展，这给人们的生活带来了很大方便，不过人类也为此付出了代价。现代人越来越忙，压力越来越大，有的人觉得累了，想放慢一下生活节奏，也有人在不断地追求更高水平的科技生活，你属于哪一种？

第一部分

学一学　录音 71

口语表达

不就是……吗？　bú jiù shì……ma?

翻译	It is..., isn't it?
解释	反问句，强调肯定的语气。
例子	1. A：你不是说做饺子吗？你做的这是什么？ B：这不就是饺子吗？就是大了点儿，呵呵。 A：这哪是大一点儿啊？这简直就是包子嘛。 2. A：你这个人从来都不关心别人。 B：我怎么不关心你了？不就是没去接你吗？今天公司有重要的会，我实在走不了。

怎么个……法？　zěnme ge……fǎ?

翻译	How should...be done?
解释	问做事情的方法，同"怎么……呢？"

例子	1. 你说这事有办法解决，你想怎么个解决法呢？ 2. A：同学们，今天的作文题目是“我与西藏”。 B：老师，我没去过西藏，这篇作文怎么个写法？

才不是呢 cái bú shì ne

翻译	certainly not
解释	根本不是这样。
例子	1. A：你说，最近你是不是故意躲着不见我？ B：才不是呢！前几天我去外地出差了。 2. A：最近总看见小李跟楠楠在一起，他们俩谈恋爱了吧？ B：才不是呢！老板让他们俩做一个项目，当然总在一起了。

生　词

1	亲近	qīnjìn	（动、形）	to be close to; close, intimate
2	效率	xiàolǜ	（名）	efficiency
3	遥控	yáokòng	（动）	to remotely control
4	断电	duàn diàn		electricity outage
5	改进	gǎijìn	（动）	to improve
6	瓷砖	cízhuān	（名）	ceramic tile, glazed tile
7	恒湿	héngshī	（名）	constant humidity
8	释放	shìfàng	（动）	to release
9	加湿器	jiāshīqì	（名）	humidifier
10	均衡	jūnhéng	（形）	balanced
11	手动挡	shǒudòngdǎng	（名）	manual transmission
12	程序	chéngxù	（名）	program
13	躲避	duǒbì	（动）	to avoid, to dodge
14	障碍物	zhàng'àiwù	（名）	barrier, obstacle

15	拥堵	yōngdǔ	（动）	to be blocked up, to be congested
16	顾虑	gùlǜ	（名、动）	anxiety, misgiving; to worry
17	督促	dūcù	（动）	to supervise and urge

熟　语

后果不堪设想
hòuguǒ bù kān shèxiǎng
The consequences would be too dreadful to contemplate.

未来的事情很难预测，事情将发展到很难想象的地步。
例：那天我在高速公路上开车，开着开着，突然轮胎爆了，幸亏路上没什么车，否则后果不堪设想。

听一听

热　身

一、听小对话，选择正确答案　录音 72

1. A. 两人都想转学
   B. 两人都对办公室不满意
   C. 男的安慰女的
   D. 办公室的工作好些了

2. A. 女的对男的说的情况不了解
   B. 女的对男的说的情况很赞成
   C. 女的对男的说的情况不太赞同
   D. 女的对男的说的情况很反感

3. A. 是未来发展的目标
   B. 不如人驾驶得安全
   C. 电脑程序有可能出错
   D. 不可能代替普通汽车

4. A. 父亲对孩子不满
   B. 孩子应该上大学而没上
   C. 父母都对孩子失去了信心
   D. 妻子无法向丈夫解释

5. A. 女的问的地方在“鸟巢”西边
   B. 有两个“国家会议中心”
   C. 女的要找的是“五洲大酒店”
   D. “五洲大酒店”就是“国家会议中心”

6. A. 平时喜欢谈论汽车
   B. 刚买了一辆新车
   C. 很羡慕朋友买车
   D. 想了解车的问题

7. A. 回到南方
   B. 多喝水
   C. 慢慢就适应了
   D. 使用加湿器

8. A. 害怕车多
   B. 不敢开快车
   C. 是个新手
   D. 驾驶技术不错

二、下面你将听到一句话，听后请做出恰当的应答 录音 73

1. ____________________（怎么个……法？）
2. ____________________（怎么个……法？）
3. ____________________（不就是……吗？）
4. ____________________（不就是……吗？）
5. ____________________（才不是呢）
6. ____________________（才不是呢）

课文 你想要全自动化的生活吗？ 录音 74

● 背景提示

要说现在的生活已经比过去舒适了很多、先进了很多，但是科学技术的研究成果让我们看到，还是有很多新鲜的东西可以使我们的生活变得更舒适、更美好。

一、听课文，选择正确答案

1. A. 亲近自然
   B. 环境好
   C. 效率高
   D. 方便

2. A. 可以遥控冰箱
   B. 可以遥控电视
   C. 可以遥控空调
   D. 可以遥控汽车

3. A. 加湿器
   B. 瓷砖
   C. 储存水的工具
   D. 自动恒湿器

4. A. 自动设置程序
   B. 自动开到目的地
   C. 自动改变速度
   D. 自动躲避障碍物

5. A. 她希望高科技产品做得更好
   B. 她不喜欢高科技产品
   C. 她认为高科技产品问题很多
   D. 她认为高科技产品太危险

二、根据提示词语回答下列问题

1. 女的对“舒适的生活”是怎么理解的？

   首先……，　还有……，　是非常重要的

2. 男的说的那种家用高科技产品有什么功能？

   在……之前，就……　　等……的时候　　已经……了

3. 为什么男的认为女的太容易满足了？

   因为……　　挺……的　　该……都……了

4. 那种高科技瓷砖有什么作用？

可以自动……　　夏天……　　到了……　　它会……
像……一样　　不过……比……更……

5. 对那种完全自动的汽车，女的是怎么看的？

她觉得听起来挺……的　　她担心要是……，那……

三、讨论

如何看待高科技产品

甲方：赞成使用高科技产品　　　　乙方：不太信任高科技产品

参考表达：

首先……，还……　　等……时　　真能……是挺好的，可是万一
怎么个……法　　还真是这样　　难道说……　　这正好
听起来……　　后果不堪设想　　顾虑太多　　才不是呢

第二部分

学一学　录音 75

口语表达

……呗　……bei

翻译	*indicating that sth. is obvious or expressing resignation when there is no other choice*
解释	认为事实和道理很清楚，不用多说，或在表示没有可选择时使用。

例子	1. A：大家都觉得两天的时间去那里太紧张了，还是选个近点儿的地方比较好。 B：那就听大家的呗。 2. A：小郭一个小时以前就出来了，怎么到现在还没到？ B：一定是路上堵车了呗，否则他不会迟到。

什么时候是个头儿啊　shénme shíhou shì ge tóur a

翻译	(*indicating sth. endless and irritating*) when will this end
解释	指事情没完没了，使人厌烦。
例子	1. A：房价一直不降，咱们现在根本买不起房，还得租房住。 B：总这么租房住，什么时候是个头儿啊！ 2. A：哎呀，这么干什么时候是个头啊？ B：你就耐心地在这儿干，总有一天会得到重用的。

可不　kěbù

翻译	exactly, right
解释	表示确认。
例子	1. A：冬天气温低，老人、孩子得特别注意，这个时候最容易得病。 B：可不。 2. A：咱们要是真是想帮他，就不要给他钱，而是帮他找一份适合他的工作。你说是不是？ B：可不。钱只能解决一时的困难，不能解决长久的问题。

生　词

1	向往	xiàngwǎng	（动）	to yearn for, to look forward to
2	讲求	jiǎngqiú	（动）	to pay attention to, to be particular about, to stress, to strive for
3	崩溃	bēngkuì	（动）	to collapse, to fall apart
4	晒太阳	shài tàiyáng		to sunbathe, to bask in the sun
5	纯粹	chúncuì	（副、形）	purely, solely, wholly; pure

熟语

1 倒胃口 dǎo wèikǒu to spoil one's appetite	吃得太多，把胃口吃坏了。常比喻对某件事感到厌烦。 例 1：连吃了几天包子，我已经吃得倒胃口了。 例 2：本来晚会开得挺好的，可后来有两个人喝醉了，吵了起来，真让人倒胃口。
2 有……可言 yǒu……kě yán (*usually used in the negative tone to negate sth.*) ...at all	对某一事物表示肯定或否定，常用于否定语气。 例：你说住在大城市生活方便，我倒觉得大城市物价贵、交通拥挤，有什么方便可言？

听一听

课文　向往"慢生活"　录音 76

● **背景提示**

现在，人们生活的节奏越来越快，有的人觉得很充实，有的人觉得很烦躁，认为没有时间好好享受生活，你喜欢快生活还是慢生活？

一、听课文，判断正误

1. 他们公司附近吃饭不方便。（　　）
2. 男的不想再吃麦当劳了。（　　）
3. 他们中午吃饭的时间很短。（　　）
4. 他们公司没有年假。（　　）

5. 男的周末只想睡觉。（ ）
6. 女的认为生活很不幸福。（ ）
7. 他们没吃完饭就回办公室了。（ ）

二、根据提示词语回答下列问题

1. 他们工作的地方吃饭有什么选择？

楼下　对面

2. 他们对现在的生活有什么不满？

什么都　就是不　崩溃　很长时间没　没有精力
一到……玩儿命……　什么也

3. 他们希望过什么样的生活？

向往　泡　晒　感受

三、两人一组，完成对话

男：你想吃什么呀？
女：半个小时能……呀？……呗。
男：天天……，我都吃得倒胃口了。
女：……什么时候是个头儿啊？
男：……有什么……可言。

四、谈谈你对“快生活”和“慢生活”的理解

可以从以下几个方面有选择地谈：

（1）对亲情关系的影响　（2）对人与人关系的影响
（3）对生活情趣的影响　（4）对健康的影响
……

说一说

一、根据所给情景和提示完成对话

> 对话中的夫妇住的是楼房，楼上邻居家孩子在家里玩儿球的声音，吵得他们受不了。

男：怎么了，老婆？脸色不好，不舒服了？

女：______________________________。（……呗）

今天一整天就听楼上邻居的孩子跑来跑去的，也不知道是玩儿什么，别提多吵了！你上去跟他们说说吧，让他们管管孩子。

男：上星期你不是才找过一次吗？我再去不合适吧。

女：上次找过以后，安静了两天，现在又恢复了，可不还得跟他们谈？

男：我看你还是忍忍吧。

女：______________________________？（怎么个……法）

男：______________________________？（不就是……吗）

女：你说得轻松。你晚上才回家，听的时间短，当然可以忍，可我能上哪儿去啊？

男：那有什么办法？也不能为这事跟邻居吵一架，更不能为此就搬家啊。

女：______________________________？（什么时候是个头儿啊）

男：他家的孩子今年 3 岁，再大点儿，懂事了，就会听大人的话了。

女：______________________________。（才不……呢）

男：你可别这么说，人家不会那样的。

女：我将来要是有孩子，肯定不会这么宠孩子。

男：那当然。

二、小组活动

辩论：生活加减法

甲方：赞成舒适方便的生活

生活必需品要尽量丰富	科技化程度要高
城市化水平要高	娱乐生活要丰富
就餐方便	品尝各种美食
汽车出行	

乙方：赞成简单自然的生活

生活必需品尽量简单	不需要高科技产品
亲近自然的生活环境	业余活动是阅读
自己下厨房	吃简单食品而已
骑自行车代步	

语气：赞成、反对、讽刺、批评

三、看图说话

长度要求：每个对话 4 ~ 6 个句子

语气：抱怨、安慰、建议

参考表达：

怎么个……法？　不就是……吗？　首先……，还是……

才不是呢　后果不堪设想　已经……了　等……时

该……都……了　听起来挺……的　什么时候是个头儿啊

有……可言　什么也……　……呗　可不　效率

向往　追求　玩儿命

复习三

听力部分

一、听小对话，选择正确答案　录音 77

1. A. 他们眼睛不好
   B. 他们没注意
   C. 标志不清楚
   D. 路口根本没有标志

2. A. 谁都不清楚小李的想法
   B. 小李想去上海分公司工作
   C. 小李想辞职
   D. 小李觉得工资太低

3. A. 李明穿得很年轻
   B. 李明看起来很老
   C. 男的不喜欢老气的衣服
   D. 男的很年轻

4. A. 老张变化很大
   B. 老李变化很大
   C. 老张很久没回来了
   D. 老张病得很厉害

5. A. 送人
   B. 当纪念品
   C. 不用花钱
   D. 喜欢

6. A. 他对这部电视剧没信心
   B. 这部电视剧投入较高
   C. 他没想到这部电视剧成绩这么差
   D. 这部电视剧受到了大家的欢迎

7. A. 小李很倒霉
   B. 对小李很失望
   C. 对小李有信心
   D. 对小李不了解

8. A. 这儿没有医院
   B. 这儿条件很差
   C. 这儿没有银行
   D. 这儿变化很大

9. A. 定不下来
B. 老李决定
C. 女的决定
D. 随便

10. A. 还钱的时间还得商量
B. 还钱的时间商量好了
C. 还钱的时间不能商量
D. 还钱的时间可以商量

11. A. 很不负责
B. 很细心
C. 很客气
D. 很热情

12. A. 他不关心儿子
B. 他很担心儿子
C. 他希望儿子扫大街
D. 他希望儿子能独立生活

13. A. 他没变胖
B. 他胖了一点儿
C. 他胖得很厉害
D. 他瘦多了

14. A. 李明打球很棒
B. 张清打球很棒
C. 他比李明棒
D. 李明比他棒

15. A. 他修得太慢
B. 他收费太高
C. 他只会修电脑
D. 他修不好

16. A. 无奈
B. 抱歉
C. 失望
D. 担心

17. A. 不喜欢这个戏
B. 不喜欢京剧
C. 对今天的表演很满意
D. 对今天的表演不满意

18. A. 自己一般，对对象要求高
B. 自己一般，没人看得上她
C. 自己很好，没人敢喜欢她
D. 自己很好，对对象要求高

19. A. 男的不了解孩子的学习
B. 孩子的学习很轻松
C. 男的觉得孩子的学习不用管
D. 男的很关心孩子的学习

20. A. 男的不去机场
B. 现在是下午三点
C. 小明的飞机提前了
D. 女的去接小明

二、听短文，并口头概括　录音 78

短文一：皮夹和手提包

表达提示：

男人的皮夹里……

女人的手提包里……

不带手提包的情况

短文二：没有婚礼就不结婚

表达提示：

产生矛盾的原因

目前的状况

“我”的打算

口语部分

一、用指定的表达式或词语完成对话

1. 男：妈，我们俩结婚打算简单点儿。

   女：简单？____________________？（怎么个……法）

   男：我们就不办婚礼了，我们打算去国外旅行。

   女：那怎么行？结婚啊，这么大的事，________________，不怕人笑话啊？（要A没A，要B没B）

   男：妈，结婚嘛，就是两个人一起生活。________________________________。（A也好，B也好，只要……就……）

   女：相爱就行？小丽也同意吗？女孩子谁不希望自己穿着漂亮的婚纱接受大家的祝福？

   男：妈，您就别操心了，这就是小丽的意思。

   女：小丽的意思也不行！________________________。（没得商量）

2. 女：相亲角这种方式太老土了！都什么年代了，还用这种方式。

男：________________。（A 也好，B 也好，只要……就……）

女：那可不一样，生活中自然认识的话，两个人都不会尴尬，互相之间可以自然地了解，自然地相爱。这才是真正的恋爱嘛。两个陌生人，就为了找个结婚的对象，在一起________________。（没什么好……的）

男：第一次见面找不到可谈的话题，这也是正常的啊，跟陌生人见面，都可能找不到话题嘛。但是也有可能相见恨晚啊。

女：不管你怎么劝，反正我不同意你们去什么相亲角帮我相亲，我________________。（才不……呢）

男：丢人？丢什么人？男大当婚，女大当嫁嘛。

3. 男：你呀，________________？至于这么问来问去的吗？（不就是……吗）

女：回来晚一点儿？你几点下班？现在几点了？回来这么晚，________________？（难道……吗）

男：不是说不能问，问题是你这么问来问去，就是不信任我嘛。我都跟你说了公司加班，你还不停地问。

女：加班就加班呗，你关掉手机干什么？一直联系不上你，谁知道你干什么去了！

男：________________，反正我说的都是真话，你可以打电话问小张，我一直跟他在一起。（……也好，……也好）

女：问小张？小张的妻子刚才还给我打电话，问小张是不是跟你在一起呢。

4. 女：我这样天天在家待着也不是个事啊，以前虽然挣得不多，但是也可以帮帮家里啊，现在可倒好，________________。（别说……，就连……都……）

男：你就安心在家里待着吧，________________。两个人都上班，谁照顾孩子啊？（再……不过）

女：也就只能管管孩子了。

男：________________。（何止啊？还……）

女：对啊，现在你穿得可比以前精神多了吧？

男：是啊，________________。（要我说呀……）

5. 男：离婚？你们不是才结婚半年吗？

女：半年就过够了！这事啊，________________。（没什么好……的）

男：那总得有个原因吧，你们到底为什么啊？

女：他天天在外边，一点儿也不管家里的事，心里根本就没我。

男：他不是工作忙吗？

女：工作忙、工作忙，谁不工作啊，我不是一样工作吗？谁知道他是不是在找借口。

男：______________________。老板说让他加班，他不就得加班吗？年轻人嘛，工作忙一点儿是好事，你得理解啊。（由不得）

女：天天这样，每天下班我都一个人在家，______________________，无聊死了。（自己……自己的）

男：你呀，没事就回家来嘛，看看我们，我们也老了，就希望你们多回来看看。你们年轻人啊，______________________，就是不能动不动就离婚啊。（……也好，……也好）

女：爸，您哪，就帮着他说话，也不知道您是谁的爸爸。

6. 女：现在开车真是一件麻烦事儿，每天路上都堵，一点儿一点儿往前蹭，一不小心就跟前面车蹭上了。______________________。（要是……就好了）

男：会自己开的车？

女：是啊，要是我的车会自己开，我只要告诉它我要去哪儿，别的什么都不用管，______________________。（再……不过）

男：你的这个愿望啊，可能快要实现了，现在这种无人驾驶汽车已经在试行了，______________________。（一旦……，就……）

女：真的啊？那可太好了，那我就等于有自己的司机了。

男：不过啊，那样开车还有什么意思啊？______________________。（要我说呀……）

女：我可不要什么过瘾，我只要能到想去的地方，不用操心就最好了。

7. 女：吃不了就打包吧，还剩不少呢。

男：______________________？（不就是……吗）______________________。（才不……呢）

女：不打包多浪费啊，大家都这么浪费，一年得白白浪费多少粮食啊！你没看电视吗？现在有个活动，叫“光盘行动”，希望大家“从我做起，今天不剩饭”。

男：可是打包回去，今天吃不了的话，明天就坏了，还是得扔，还得买饭盒儿，更浪费。

女：所以呀，要是点菜的时候能点得正好，______________________。（再……不过了）像你这样，点菜的时候觉得自己能吃很多，到最后吃不了，可不浪费吗？

8. 女：假期回国吗？

男：回啊，不过要晚一点儿回，我打算先去上海、厦门和深圳旅行，然后再回国。

女：真羡慕你还有假期，像我们这样的上班族，____。（别说……，就连……都……）

男：____？（难道……吗）

女：有假期，不过只有七天。春节回老家，给亲戚朋友拜年，也休息不成。

男：还是上学好啊。

女：是啊，学生生活真是让人怀念。你得好好珍惜啊，____。（一旦……，就……）

男：我也快毕业了，明年夏天回国就得工作了。

女：你的工作找好了吗？

男：还没有呢，这次回国我也得再找找工作。没办法啊，不想工作，但是得生活啊，____。（由不得）

二、选择一个情景，两人或三人一组进行会话

要求：对话中应至少使用 5 ~ 6 个表达式。

1. 辩论财富和婚姻的关系

观点 1：婚前男方应该有一定的经济基础，婚后的生活才能幸福。

观点 2：婚后夫妻共同创造财富才会有幸福感，所以婚前男方没有经济基础也没关系，关键是看他的能力。

观点 3：财富跟婚姻幸福没关系，穷夫妻不一定不幸福，有的夫妻在有了钱、有了财富以后，却过不到一起了，这样的例子也不少。

观点 4：“裸婚”或者“半裸婚”挺好。其实找个有钱的男友，办一个大型婚礼都是做给别人看的，太虚荣，如果是“闪婚闪离”，那么办隆重的婚礼就更是浪费了。

语气：赞成、反对、反驳、羡慕、批评、不满

2. 谈隐私与相互尊重的关系

观点 1：少一份隐私就是多一份相互信任。朋友、家人之间不需要保留什么隐私，那种把朋友的关心说成是干涉他人私生活的人，是把好心当作驴肝肺。

观点 2：人和人的关系也应该像故事里的梅花鹿和狗。给对方保留隐私和自由的权利，关系才能更长久。

观点 3：夫妻之间没有地位高低之分，女人做家务也是对家庭的贡献，也应该得到丈夫的尊重。

语气：阐述、反驳、怀疑、肯定

3. 设计未来的生活

三个朋友对自己未来的生活各有各的想法。他们每个人向朋友说出自己的想法时，有的得到朋友的赞成，有的遭到朋友的反对。以下是他们各自的计划：

计划 1：自己工作忙，没有精力做家务，希望生活自动化程度更高、更节省时间、更节省体力。

计划 2：厌倦了紧张的城市生活，想回归自然，过那种轻松和谐的慢生活。

计划 3：不喜欢紧张的生活，但也不讨厌大城市。因为城市更有活力，生活更丰富多彩。

语气：询问、解释、阐述、反对、赞成、怀疑

参考表达：

别说……，就连……都……　　再……不过了

难道……吗？　　A 也好，B 也好　　但愿如此

一旦……，就……　　要 A 没 A，要 B 没 B　　自己……自己的

何止啊，还有……　　要我说呀……　　怎么个……法？

不就是……吗？　　才不……呢　　……呗

什么时候是个头啊　　可不

词语索引

生词	拼音	词性	英文翻译	课号
B				
保龄球	bǎolíngqiú	（名）	bowling	1
暴躁	bàozào	（形）	irritable, hot-tempered	5
被窝儿	bèiwōr	（名）	quilt folded to form sth. like a sleeping bag	1
崩溃	bēngkuì	（动）	to collapse, to fall apart	12
薄弱	bóruò	（形）	weak, frail	10
不对劲（儿）	bú duìjìn（r）		somcthing's wrong, not feel well	2
不屑于	búxièyú	（动）	to disdain	7
补	bǔ	（动）	to fill, to make up for	10
不和	bùhé	（形）	on bad terms, at odds	10
C				
策划	cèhuà	（动）	to plan	8
插曲	chāqǔ	（名）	episode, interlude	7
柴米油盐	chái mǐ yóu yán		fuel, rice, cooking oil and salt—daily necessities	9
承受	chéngshòu	（动）	to bear, to endure	7
程序	chéngxù	（名）	program	12
惩罚	chéngfá	（动）	to punish	5
出乎意料	chūhū yìliào		exceeding one's expectations, unexpectedly	9
窗帘	chuānglián	（名）	curtain	11
捶	chuí	（动）	to beat (with a stick or fist)	5
纯粹	chúncuì	（副、形）	purely, solely, wholly; pure	12
瓷砖	cízhuān	（名）	ceramic tile, glazed tile	12
伺候	cìhou	（动）	to serve, to attend to	11

粗线条	cūxiàntiáo	（名）	broad-brush	7

D

打点滴	dǎ diǎndī		to have an intravenous drip	2
打呼噜	dǎ hūlu		to snore	8
打火机	dǎhuǒjī	（名）	lighter	2
大陆	dàlù	（名）	continent	11
单独	dāndú	（副）	alone	6
淡薄	dànbó	（形）	weak, deficient	10
登机牌	dēngjīpái	（名）	boarding pass	3
动不动（就）	dòngbudòng（jiù）	（副）	easily, frequently	5
动静	dòngjing	（名）	sound of sth. astir	4
豆汁儿	dòuzhīr	（名）	fermented soy milk	1
督促	dūcù	（动）	to supervise and urge	12
赌气	dǔ qì		to be discontented and act rashly	6
度蜜月	dù mìyuè		to spend a honeymoon	10
断电	duàn diàn		electricity outage	12
对立	duìlì	（动）	to contradict, to oppose	9
顿时	dùnshí	（副）	immediately, at once	4
躲	duǒ	（动）	to avoid, to keep away from	11
躲避	duǒbì	（动）	to avoid, to dodge	12
跺脚	duò jiǎo		to stamp (one's foot)	5

E

二手烟	èrshǒuyān	（名）	second-hand smoke	2

F

发愁	fā chóu		to worry	8
发牢骚	fā láosao		to grumble, to complain	8
发泄	fāxiè	（动）	to abreact, to give vent to, to let off	5
防御	fángyù	（动）	to defend, to guard	11
分享	fēnxiǎng	（动）	to share	11

奋斗	fèndòu	（动）	to strive, to work hard	9
否定	fǒudìng	（动）	to negate, to deny	8
扶手	fúshǒu	（名）	armrest, handrail	4
辐射	fúshè	（动）	to radiate	6

G

改进	gǎijìn	（动）	to improve	12
干脆	gāncuì	（副、形）	simply, just; straightforward	1
尴尬	gāngà	（形）	embarrassed	3
高峰	gāofēng	（名）	peak	7
够戗	gòuqiàng	（形）	tricky, hard, not so easy	11
顾虑	gùlǜ	（名、动）	anxiety, misgiving; to worry	12
怪癖	guàipǐ	（名）	eccentricity	8
关键	guānjiàn	（名）	key point, crux	10
关注	guānzhù	（动）	to pay close attention to	3

H

何止	hézhǐ	（动）	to be far more/greater than	11
和谐	héxié	（形）	harmonious	10
恨不得	hènbude	（动）	to wish one could, to be anxious to	4
恒湿	héngshī	（名）	constant humidity	12
划算	huásuàn	（形）	to one's profit or benefit	6
荒	huāng	（形）	waste, uncultivated	9
婚纱照	hūnshāzhào	（名）	wedding photo	10
婚姻登记处	hūnyīn dēngjìchù		marriage registry	10
浑身	húnshēn	（名）	all over, from head to foot	5

J

几率	jīlǜ	（名）	probability	3
计较	jìjiào	（动）	to fuss about, to haggle over	8
加湿器	jiāshīqì	（名）	humidifier	12
家政	jiāzhèng	（名）	housekeeping	11
价目表	jiàmùbiǎo	（名）	price list	11

麦霸	màibà	（名）	karaoke king/queen	1
瞒	mán	（动）	to hide the truth from	9
冒昧	màomèi	（形）	bold, audacious, presumptuous	9
梅花鹿	méihuālù	（名）	spotted deer	11
妙龄	miàolíng	（名）	(of girls) lovely age, prime of youth	4
敏感	mǐngǎn	（形）	sensitive, susceptible	11
模式	móshì	（名）	pattern, model	9

N

难免	nánmiǎn	（形）	hard to avoid	5
闹	nào	（动）	to be troubled by	10
闹钟	nàozhōng	（名）	alarm clock	1
尼古丁	nígǔdīng	（名）	nicotine	2
农家乐	nóngjiālè	（名）	farm-based tourism, agritainment	3
挪	nuó	（动）	to move	7

O

偶尔	ǒu'ěr	（副、形）	occasionally; accidental	7

P

跑调儿	pǎo diàor		out of tune	1
跑题	pǎo tí		to digress	6
泡（吧）	pào（bā）	（动）	to indulge oneself for a long time in (bars)	1
匹配	pǐpèi	（动）	to match	9
拼命	pīnmìng	（副、动）	desperately; to act desperately regardless of consequences	5
破裂	pòliè	（动）	to break, to split	5

Q

起码	qǐmǎ	（形）	minimum, at least	10
迁就	qiānjiù	（动）	to yield to, to give in to	5
俏皮	qiàopí	（形）	lively, witty	4
亲和力	qīnhélì	（名）	amiableness	8
亲近	qīnjìn	（动、形）	to be close to; close, intimate	12

淘汰	táotài	（动）	to weed out, to sift out	9
套餐	tàocān	（名）	package, a set of services, etc.	6
调解	tiáojiě	（动）	to mediate, to make peace	10
头脑	tóunǎo	（名）	main threads, clue	1
拖	tuō	（动）	to pull, to drag	1

W

微博	wēibó	（名）	microblog	6
委屈	wěiqu	（动、形）	to put sb. to great inconvenience; feeling wronged, being misunderstood	10
五音不全	wǔyīn bù quán		can't carry a tune	1

X

嘻嘻	xīxī	（象声）	*an onomatopoeic word describing laughter*	4
喜滋滋	xǐzīzī	（形）	feeling greatly pleased	4
细菌	xìjūn	（名）	germ, bacterium	2
吓唬	xiàhu	（动）	to frighten, to scare	4
贤惠	xiánhuì	（形）	(of a woman) virtuous	7
相亲	xiāng qīn		to size up a prospective mate in an arranged meeting, to have a blind date	9
向往	xiàngwǎng	（动）	to yearn for, to look forward to	12
消气	xiāo qì		to cool down, to be mollified	5
销售	xiāoshòu	（动）	to sell, to market	8
小丑	xiǎochǒu	（名）	clown	8
效率	xiàolǜ	（名）	efficiency	12
心瘾	xīnyǐn	（名）	psychological addiction	2
新人	xīnrén	（名）	bride or groom	10
新鲜	xīnxiān	（形）	new, original	1
虚拟	xūnǐ	（形、动）	virtual, fictitious; to invent, to fabricate	4

Y

烟民	yānmín	（名）	smoker	2
烟瘾	yānyǐn	（名）	craving for tobacco, tobacco dependence	2

遥控	yáokòng	（动）	to remotely control	12
遥控器	yáokòngqì	（名）	remote control	10
窈窕	yǎotiǎo	（形）	graceful, fair	4
一辈子	yíbèizi	（名）	a lifetime, all one's life	9
仪式	yíshì	（名）	ceremony	10
异性	yìxìng	（名）	opposite sex	9
意识	yìshí	（动）	to realize, to become aware of	3
意味着	yìwèizhe	（动）	to mean, to imply	9
隐私	yǐnsī	（名）	privacy, private matter	11
营业厅	yíngyètīng	（名）	business hall	6
拥堵	yōngdǔ	（动）	to be blocked up, to be congested	12
由不得	yóubude	（动）	to be beyond the control of, to be not up to sb. to decide	10
娱乐	yúlè	（名、动）	amusement, entertainment; to amuse, to entertain	1
预存	yù cún		to deposit, to pay in advance	6
月租费	yuèzūfèi	（名）	monthly fee	6
越野车	yuèyěchē	（名）	off-road vehicle	7
晕	yūn	（形）	faint, unconscious	1
运营商	yùnyíngshāng	（名）	carrier, operator	6

Z

脏兮兮	zāngxīxī	（形）	dirty	8
遭遇	zāoyù	（动）	to encounter, to come across	7
造物主	zàowùzhǔ	（名）	God, the Creator	8
炸	zhà	（动）	to explode	5
张罗	zhāngluo	（动）	to attend to, to get busy about	10
账号	zhànghào	（名）	account	6
障碍物	zhàng'àiwù	（名）	barrier, obstacle	12
制服	zhìfú	（名）	uniform	8
煮	zhǔ	（动）	to boil, to cook, to stew	2
注册	zhù cè		to register	6

抓阄（儿）	zhuā jiū（r）		to draw lots	1
壮观	zhuàngguān	（形）	spectacular	7
追求	zhuīqiú	（动）	to pursue, to seek	9
自言自语	zìyán zìyǔ		to talk to oneself, to think aloud	4
奏效	zòu xiào		to be effective	3
钻戒	zuànjiè	（名）	diamond ring	10
最低消费	zuì dī xiāofèi		minimum charge	6

专有名词

生词	拼音	英文翻译	课号
A			
爱斯基摩人	Àisījīmó rén	Eskimos	8
B			
波兰	Bōlán	Poland	1
F			
费城	Fèichéng	Philadelphia	1
G			
哥伦布	Gēlúnbù	Christopher Columbus (1451-1506), an Italian explorer and navigator	11
H			
红庙	Hóngmiào	Hongmiao, a place in Beijing	1
后海	Hòuhǎi	Houhai, a lake (in Beijing) and its surrounding area	1
J			
捷克	Jiékè	Czech Republic	1

熟语

致教师

教师朋友，为方便您了解这套教材，在此我们特向您就编写理念和教学建议做个简单说明。

编写理念：

1. 内容少而精。我们希望听说课上不要让词语分散学习者过多的注意力，而是把学习重心放在课文理解和语段表达上，并希望每课的内容能够当堂学习，当堂消化，所以每课内容的总量基本都控制在四学时以内。为此我们严格控制课文长度、表达式数量和生词量，并且使每课中的内容递进式呈现、多复现。

2. 听说结合。我们认为“听”、“说”训练效果的好坏与听什么和说什么有很大关系。如果听说一体，让听来带动说，说来促进听，就能达到听说能力双双提高的目的。为此我们明确了将听和说训练基于同一语言材料进行的原则，并采取了由点到面、循序渐进的输入安排。“点”是指表达式和重点词语，以及听包含这些成分的小对话；“面”是指课文和相关内容的语段表达练习。点和面相互叠加，相互渗透，点的作用是理解表达式的意义和语用功能；面的作用是使表达式和词语在新语境中得到延伸。

3. 揭示文化。为了让外国学生尽可能多地了解中国的人文思想，在编写课文时，我们有意识地加入了文化因素。不同于有些教材介绍中国文化的做法，我们是将文化暗含在自然而然的话语中，通过特定的表达反映中国人的思想意识和文化内涵。这些内容也能为课堂讨论提供丰富的话题。

教学建议：

1. 重视练习的语境意义。我们非常注重语境在听力理解与口语交际中的作用，因为语境对信息理解与掌握有很强的辅助作用，所以这部教材的听说训练项目均结合语境进行，这也是本教材的创新之处。如“听一句话，听后做出恰当的应答”就是让学生结合语境，使用所学表达式，做出一个恰当的回答。另外，“说一说”部分的“根据所给情景和提示完成对话”是一项表达式的应用练习，与其他教材的表达式练习不同的是，我们给学生提供的是一个语境完整的对话，对话中自然而然地会用上这一课中全部或大部分表达式，学生必须借助上下文的意思，才可能完成该对话。希望教师在讲练表达式、词语时也都依托语境进行。

2. 适当注意语用功能。我们在学习内容中为语用功能的学习与应用搭建了一个平台。这在表达式列表、听力理解练习和交际练习中都得到了体现。通过这三个部分，基本上能够使学习者完成对语用功能从认识到理解、从理解到应用的认知过程。我们希望教师在教学中帮助学生树立功能的意识，以便使学生做到不仅会说，而且说得得体。

3. 教学安排。教材一共有 12 课和三个复习课，按照现在大多数院校听说课程为每周四学时的安排计算，一学年正好完成《提高篇·听和说》、《跨越篇·听和说》两册的学习。建议每课学习 4 学时，第一部分 2 学时，第二部分 2 学时。教材中的复习课针对前面四课学习过的表达式和课文进行全面总结，再现学习重点，因此也可以把复习课作为阶段性考查的材料。学习时间可根据各自单位的教学计划，安排在 2 ～ 4 学时之间。

本教材的内容编排顺序是根据一般课堂教学步骤所做的，所以教师可以参考这个编排顺序设计教学步骤。

本教材难免会有疏漏或不当之处，恳请各位教师见谅，并给我们提出宝贵意见。

祝您教学顺利！

执行主编　胡波

2013 年 2 月于北京

成功之路

Road To Success

初 级

- 入门篇
  ISBN 978-7-5619-2161-6
  定价：32.00
  （附1CD+听力文本）
- 起步篇1
  ISBN 978-7-5619-2162-3
  定价：48.00
  （附1CD+听力文本+练习活页）
- 起步篇2
  ISBN 978-7-5619-2182-1
  定价：58.00
  （附1CD+听力文本+练习活页）
- 顺利篇1
  ISBN 978-7-5619-2178-4
  定价：68.00
  （附1MP3+听力文本及练习答案+练习活页）
- 顺利篇2
  ISBN 978-7-5619-2190-6
  定价：68.00
  （附1MP3+听力文本及练习答案+练习活页）
- 进步篇1
  ISBN 978-7-5619-2175-3
  定价：52.00
  （附1CD+听力文本及参考答案）
- 进步篇2
  ISBN 978-7-5619-2209-5
  定价：52.00
  （附1CD+听力文本及参考答案）
- 进步篇3
  ISBN 978-7-5619-2386-3
  定价：52.00
  （附1MP3+听力文本及参考答案）
- 进步篇 听和说1
  ISBN 978-7-5619-2176-0
  定价：76.00
  （附1MP3+听力文本）
- 进步篇 听和说2
  ISBN 978-7-5619-2208-8
  定价：68.00
  （附1MP3+听力文本）
- 进步篇 读和写1
  ISBN 978-7-5619-2172-2
  定价：52.00
  （附练习答案）
- 进步篇 读和写2
  ISBN 978-7-5619-2189-0
  定价：52.00
  （附练习答案）

中 级

- 提高篇1
  ISBN 978-7-5619-2174-6
  定价：45.00
  （附1CD+练习答案）
- 提高篇2
  ISBN 978-7-5619-2207-1
  定价：45.00
  （附1CD+练习答案）
- 提高篇 听和说
  ISBN 978-7-5619-3573-6
  定价：58.00
  （附1MP3+听力文本及练习参考答案）
- 跨越篇1
  ISBN 978-7-5619-2173-9
  定价：45.00
  （附1CD+练习答案）
- 跨越篇2
  ISBN 978-7-5619-2206-4
  定价：48.00
  （附1MP3+练习答案）
- 跨越篇 听和说
  ISBN 978-7-5619-3761-7
  定价：62.00
  （附1MP3+听力文本及练习参考答案）

高 级

- 冲刺篇1
  ISBN 978-7-5619-2170-8
  定价：58.00
  （附1CD+练习答案）
- 冲刺篇2
  ISBN 978-7-5619-2248-4
  定价：58.00
  （附1CD+练习答案）
- 成功篇1
  ISBN 978-7-5619-2177-7
  定价：65.00
  （附1MP3+练习答案）
- 成功篇2
  ISBN 978-7-5619-2253-8
  定价：65.00
  （附1MP3+练习答案）

进阶式对外汉语系列教材

A SERIES OF PROGRESSIVE CHINESE TEXTBOOKS FOR FOREIGNERS

成功之路

ROAD TO SUCCESS

提高篇·听和说

LOWER INTERMEDIATE
Listening and Speaking

听力文本及练习参考答案

THE RECORDING SCRIPT AND KEY TO EXERCISES

主　编　邱　军

副主编　彭志平

执行主编　胡　波

编　著　王俊毅

　　　　连　敏

ROAD TO SUCCESS

A SERIES OF PROGRESSIVE CHINESE TEXTBOOKS FOR FOREIGNERS

北京语言大学出版社

BEIJING LANGUAGE AND CULTURE UNIVERSITY PRESS

目录

1 吃喝玩乐

第一部分

听一听

热身

录音 02

一、听小对话，选择正确答案

1. 女：你身体这么好，一定经常锻炼吧？

   男：上大学的时候经常去健身房，刚工作那会儿不太忙，有时间就打打球什么的，结婚以后就没怎么锻炼过。

   问：男的经常锻炼吗？

2. 女：不好意思，我现在有点儿事，马上就回来，你先坐着，看看电视，吃点儿水果。

   男：你忙你的吧，我不会把自己当外人的。

   问：男的是什么意思？

3. 女：您找张元？他是我爱人。您认识他？

   男：哦，嫂子您好。我跟张元啊，不光是认识，我们可是从小玩儿到大的兄弟。大学毕业以后我就出了国，这不刚从国外回来，就来看你们了。

   问：男的是什么意思？

4. 男：你们俩都上班，孩子谁管啊？

   女：没办法啊。白天孩子在学校，有时候下课早，我们不在家，他就到邻居家玩儿，邻居们都是热心肠儿，有什么事都会帮忙的。

   问：女的是什么意思？

5. 男：明天下午几点开会？

   女：三点半。对了，我们班要有一个学生代表讲话，你来吧。

男：我啊，我一看到下面坐那么多人就晕，哪讲得了话啊，还是让张明去吧。

问：男的是什么意思？

6. 女：老板也不知道怎么了，昨天还说让我去上海出差，今天早上又打电话说不去了。

男：他最近是挺让人摸不着头脑的。

问：男的是什么意思？

7. 男：我这英语也学了好多年了，昨天碰一老外，跟他聊了半天，他什么都没听懂。

女：学外语得有环境，你要是到国外住上一年，一准儿提高得很快。

问：下面哪一项与对话内容相符？

8. 男：我听说你们昨天去爬山了？

女：哪儿啊，昨天我们本来打算出去玩儿，可是小丽的男朋友找她去看电影，我只好跟阿芳去图书馆看书了。

问：女的昨天干什么了？

参考答案 1. D 2. B 3. B 4. A 5. A 6. B 7. A 8. C

录音 03

二、下面你将听到一句话，听后请做出恰当的应答

1. A：你认识麦克？

B：＿＿＿＿＿＿＿＿＿＿（不光……还……）

2. A：我记得你去年暑假的时候去过一趟香港吧。

B：＿＿＿＿＿＿＿＿＿＿（不光……还……）

3. A：周末过得怎么样？去故宫了？

B：＿＿＿＿＿＿＿＿＿＿（哪儿啊）

4. A：你昨天见到麦克了？

B：＿＿＿＿＿＿＿＿＿＿（哪儿啊）

5. A：车票都买好了，明天早上八点，你得早点儿起。

B：＿＿＿＿＿＿＿＿＿＿（对了）

6. A：老师说论文什么时候交来着？

B：＿＿＿＿＿＿＿＿＿＿（对了）

录音 04

课文 吉姆在北京

● **背景提示**

在中国，有这样一群外国人，他们不仅是来学习汉语的，也不仅是来工作的，而是把家搬到了这里，汉语成了他们的第二语言，中国成为了他们的第二故乡。吉姆就是这样，在北京住了好几年了，他从来不把自己当外人，要是你问他从哪里来，他一准儿会回答"我是红庙的"，让人摸不着头脑。

记者：你好，你先来介绍一下自己吧。

吉姆：我叫吉姆，我是美国人，家在费城，我妈妈来自波兰，爸爸来自捷克。

记者：那你到北京几年了？

吉姆：我可是老北京了，在中国学习过一年，然后工作了五年，我现在住在红庙，所以谁问我，我都说我是红庙的。

记者：现在生活上习惯了吧？

吉姆：我现在跟北京人一样，真的。我也爱吃涮羊肉、喝豆汁儿，最爱的是麻豆腐，不光吃，我还从胡同里一位大姐那儿学会了做麻豆腐。还有就是，我每天早上上三个闹钟，不管多困，都要把自己从被窝儿里叫起来，到楼下打太极拳。

记者：那你真挺有毅力的哈！除了打太极拳，你业余时间还有什么娱乐？

吉姆：我会打麻将，不过我这麻将是从网上学的，没怎么跟真人打过，真跟人打起来，基本上还是晕，呵呵。

记者：那有机会得多练习练习。对了，你的邻居们都说你是热心肠儿。

吉姆：老北京都是热心肠儿嘛。邻居们有什么事就帮一把，互相帮助嘛。

记者：你的朋友说有一次跟你一起在路上走，你看见一个美女，扔下朋友就跑过去了。

吉姆：哪儿啊，我是看见那个女孩儿拖着一个大箱子要上公共汽车，就过去帮她一把，帮她把箱子提上车去。

二、听课文，判断正误

参考答案 1. 对 2. 错 3. 错 4. 对 5. 错 6. 错 7. 错

第二部分

听一听

录音 06

课文　周末做什么

● **背景提示**

随着生活节奏的加快，人们越来越期盼周末的到来，可以好好放松一下。有的人喜欢在家里休息，有的人喜欢去郊外走走，有的人喜欢跟朋友聚一聚。你周末喜欢做什么呢？

男：总算到周末了，可该好好地放松一下儿了。

女：是啊！咱们还去后海泡吧吧，上个周末在那儿一边看风景，一边聊天儿，挺美的。

男：酒吧咱们去得太多了，这次换个新鲜点儿的怎么样？我建议咱们去 K 歌，学几首中国歌，以后学校演节目时，还可以露一手，你们看怎么样？

女：K 歌啊！我可不去。我五音不全，一唱歌就跑调儿，到时候还不是你们几个麦霸唱个没完，我就只能在一边当听众，多没劲啊！

男：要不咱们去跳舞，舞厅里大家谁也不认识谁，谁也看不清楚谁，你跳得好不好，都没人管，就当是健身了。

女：跳舞我也不喜欢，音乐太吵了，咚咚咚的，我心脏可受不了。

男：要不咱们去看电影，最近有好几部大片儿呢。

女：看电影倒是不错，可是周末多贵啊！双休日电影不半价，平时去看还有优惠，干吗非全价的时候去看啊？我看啊，还是去打保龄球吧，人人都会打，那里又安静，可以一边打球，一边聊天儿。

男：哎呀，我看再商量下去也不会有结果，干脆抓阄儿决定吧，抓到什么是什么。

一、听课文，选择正确答案

1. 上周末他们做什么了？
2. 男的为什么不想去后海？
3. 女的为什么不想去 K 歌？
4. 下面哪一项是女的对去舞厅跳舞的看法？
5. 最后他们决定做什么？

参考答案 1. B　2. A　3. D　4. A　5. D

2 求医问药

第一部分

听一听

热身

录音 08

一、听小对话，选择正确答案

1．女：听说你一大早就去医院了，怎么样，挂上号了吗？

男：别提了，排了一个小时队，还是没排上专家号，只好挂了个普通号。

问：下面哪一项与对话内容相符？

2．男：休息了一个星期，身体都好了吧？

女：别提了，身体是完全好了，可就是啊，躺了一个星期，吃得好，睡得好，刚减了点儿肥，这下又都回来了。

问：女的怎么了？

3．男：老板来了吗？我都找了他好几次了。

女：来了，你进去吧。不过，你得小心点儿，他今天脸色可有点儿不对劲儿，一句话也没说。

问：老板怎么了？

4．女：小明既然喜欢小狗，咱就养一只呗。

男：你呀，什么事都由着他。养狗？谁来照顾？你不上班啊？小明不用上学啊？再说养狗也要花不少钱呢。还有啊，我们楼里这么多小朋友，带它出去吓到孩子怎么办？

问：下面哪一条不是男的说的不养狗的理由？

5. 女：怎么样？报告写好了吗？
   男：写好了，您看看，有什么不满意的地方我再改。
   女：真是辛苦你了。等这个项目做完了，就给你放假。
   男：没事儿，累是累点儿，不过还扛得住。
   问：男的是什么意思？
6. 女：老李，你怎么了？你这脸色可不太好。你呀，有什么事儿，别老自己扛着，跟我们说说，我们大家都帮你想想办法。
   男：谢谢你。大家的好意我心领了，不过有些事啊，你们也帮不上忙。
   问：男的是什么意思？
7. 女：这衣服你穿着有点儿小了，明天你拿去换一下吧。
   男：嗐，几十块钱的东西，我才懒得跑一趟，小了就给你弟弟穿呗。
   问：男的是什么意思？
8. 男：周末忙什么了？公司组织出去玩儿你怎么没去啊？
   女：我懒得出去玩儿，一出去就是两天，周末又没了。我就想在家好好睡个觉。
   问：女的为什么没去玩儿？

参考答案 1. D　2. C　3. A　4. B　5. A　6. C　7. B　8. B

录音 09

二、下面你将听到一句话，听后请做出恰当的应答

1. A：前几天听你妈妈说你现在忙着找工作，怎么样，有结果了吗？
   B：____________________（别提了）
2. A：假期玩儿得不错吧？
   B：____________________（别提了）
3. A：他这么忙，你怎么不帮帮他？
   B：____________________（再说）
4. A：咱们假期去香港吧，小明早就想去香港玩儿了。
   B：____________________（再说）
5. A：老李最近忙什么呢？总是看不到他。
   B：____________________（一……就是……）
6. A：她经常感冒吗？
   B：____________________（一……就是……）

录音 10

课文 看病

● **背景提示**

马克这两天拉肚子。他来中国半年了，还从来没去过中国的医院，他听说北京的医院看病挺麻烦的，所以不愿意去。可是这次……，好像不去不行了。早上，马克遇见了中国朋友小李。

小李：早啊，马克！怎么脸色这么难看？

马克：别提了，这两天肚子不对劲儿，昨天晚上上了六七次厕所。

小李：最近天气太热，吃东西可得注意点儿。你吃什么吃坏了肚子？

马克：前天下午在路边摊儿上吃了麻辣烫，晚上肚子就开始疼起来了。

小李：你呀，路边小摊儿上的东西也敢吃？多不卫生啊！

马克：我一般也是不吃的。不过，那个小摊儿看上去挺干净的，再说食物一煮熟，细菌不就杀死了吗？谁知道……

小李：你去医院了吗？

马克：这点儿病扛一扛就过去了，懒得去医院。

小李：那可不行，一个人在国外生活，得注意身体，有病赶快去医院，别不当回事儿。上次我感冒，也没当回事儿，觉得扛两天就过去了，结果一病就是一星期，最后啊，还是去医院打了两天点滴才好。

马克：听说北京的医院挂号挺难的，一大早就得去排队。

小李：是啊，北京大医院看病的人多，特别是那些三甲医院，专家号很难挂。但是一般的感冒、拉肚子什么的用不着挂专家号，普通号就行了。

马克：什么是三甲医院？

小李：就是三级甲等医院，算得上是中国最好的医院。很多人只相信三甲医院，一点儿小病也要去大医院，其实，常见的小病不用去大医院。你呀，去学校医院就行。

马克：好吧，我下了课就去。谢谢你，小李。

中午，在路上马克又遇到了小李。

小李：怎么样？去医院了？

马克：这不，我刚从校医院回来。开了一大堆药，医生说，最好在家休息两天。

二、听课文，选择正确答案

1. 马克为什么脸色那么难看？
2. 他为什么吃路边小摊儿上的东西？
3. 他为什么没去医院？
4. 小李的感冒是怎么好的？
5. 什么号很难挂？

参考答案 1. A 2. C 3. A 4. D 5. C

第二部分

听一听

录音 12

戒烟

● 背景提示

5 月 31 日是世界无烟日。现在，人们对吸烟带来的问题越来越重视，很多人想戒烟却戒不了。录音中的这位烟民就通过电话向专家说出了自己的烦恼。

烟民：您好！我吸烟有十几年了，现在烟瘾越来越大，家里人都劝我戒烟。为了让我戒烟啊，他们是什么办法都用上了，看着他们这样，我也挺不好意思的。为了不让他们吸二手烟，我现在都在阳台上吸，可是这也不是个事儿啊，我年纪也大了，也得为自己的身体考虑不是？所以啊，我就想起向您求助，看看有什么法子没有。

专家：您吸烟十几年，您这烟瘾有多大啊？

烟民：这个怎么说呢？反正是越来越大，就是离不开烟，离了烟就觉得好像丢了点儿什么。

专家：其实啊，大部分烟民对尼古丁没有那么强的依赖性，要戒烟啊，烟瘾并不是最大的困难，戒烟其实是难在心瘾难除，就是说其实是心理上的依赖，不是生理上的。要看自己是不是真的上瘾呢，也很简单，主要是看他一天抽的第一根烟。如果还没有起床就抽第一支烟，那是重度烟瘾；如果是洗脸刷牙后抽第一支烟，那是中度烟瘾；如果午餐后抽第一支烟，就是轻度烟瘾。您自己看看，您是什么程度？

烟民：那我应该是重度烟瘾，我每天一睁开眼，穿上衣服就往阳台上跑……

专家：您戒过烟吧？

烟民：戒过，戒过好多次了。要说这戒烟啊，其实也不难，我一个月戒好几次呢。

专家：您真会开玩笑。您要戒烟，首先要增强信心，然后制订计划，一下子戒掉很难，可以每天减少吸烟的数量，最后减到零。尤其要注意把第一支烟的吸烟时间尽量往后推。扔掉打火机，尽量不要去烟友多的场合。“心瘾”上来的时候，转移注意力，喝水、吃零食、读书、运动等都是不错的方法。

一、听课文，判断正误

参考答案 1. 对　2. 错　3. 错　4. 对　5. 对　6. 错　7. 对

3 走南闯北

第一部分

听一听

热身

录音 14

一、听小对话，选择正确答案

1. 女：你去过中国那么多城市，最喜欢哪一个？

   男：我比较喜欢南方的一些中小城市，生活节奏不那么快，天气不冷不热的，一年四季到处都是绿色。拿昆明来说，我就特别喜欢它四季如春的气候。

   问：男的不喜欢什么样的城市？

2. 男：对于旅行经验不丰富的游客，您有什么建议？

   女：我觉得最重要的一点是，在家里你不会做的事情，在路上也不要做！说来也怪，有很多人会做一些在自己家里永远不会想到去做的事情！

   问：下面哪一项与对话内容相符？

3. 女：压力大、工作时间长，这样的工作孩子的身体怎么受得了？

   男：你别杞人忧天了，孩子还年轻，让他锻炼锻炼也好。

   问：下面哪一项符合男的的看法？

4. 女：哎呀，我们坐过站了，我们应该在动物园站下车，现在快到植物园站了。

   男：那我们就将错就错，去植物园看看也不错，动物园改天再去吧。

   问：下面哪一项与对话内容不符？

5. 女：北京风沙大，天气干燥，你要多喝水，这样才能预防感冒。

男：刚开始不太习惯北京的冬天，屋里有暖气虽然暖和，但很干燥，后来朋友建议在屋里挂条湿毛巾，这招还挺奏效的。说来也怪，班上同学都感冒了，就我好好的。

问：下面哪一项与对话内容相符？

6. 女：这家饭馆的上海菜很地道，你吃过吗？

男：说起这家饭馆，我想起一件很尴尬的事情。上个月我请朋友来这儿吃饭，要买单的时候一摸口袋，发现自己没带钱包，当时脑子嗡的一下。最后还是朋友付的钱。

问：从对话可以知道什么？

7. 男：这是我们上个月去西安拍的照片。

女：这张很搞笑。西安我早就想去了，可第一次因为朋友想去别的地方，我们改变了计划，第二次是公司临时有事，我都买好票了，又退了。直到上个月才好不容易有时间，没想到在出发前我又病倒了，还是没去成。

问：下面哪一项与对话内容相符？

8. 男：刚到这里的时候，我完全摸不着头脑，看也看不明白，听也听不懂，说也不会说。

女：真没想到，你现在看起来就和当地人一样。

问：从对话可以知道什么？

参考答案 1. B 2. D 3. D 4. C 5. C 6. B 7. D 8. A

录音 15

二、下面你将听到一句话，听后请做出恰当的应答

1. A：你来北京多长时间了？你习惯这里的生活了吗？

   B：____________________（拿……来说）

2. A：哪次旅行给你的印象最深？

   B：____________________（拿……来说）

3. A：上周你去看的老中医，感觉怎样？

   B：____________________（说来也怪）

4. A：这次吃了药，坐车还晕车吗？

   B：____________________（说来也怪）

5. A：他已经出国留学了，你知道吗？

   B：____________________（直到……才……）

6. A：小王昨天又熬夜了吧？

   B：____________________（直到……才……）

录音 16

课文　自助旅行

● 背景提示

你喜欢跟团旅行还是当个背包客自助旅行？如果你对自助旅行感兴趣，请听听背包客李响的经验之谈。

记者：自助旅行在中国受到越来越多的关注，但有些人对开始自己人生第一次背包旅行还是有些害怕，你想对他们说些什么吗？

李响：这也难怪，第一次嘛。不过别太紧张！人们总是杞人忧天。当然可能会发生不好的事情，但几率很小。即使你待在家里，照样可能有麻烦。多数人并没有遇到麻烦，旅行也不像想象的那么难。

记者：您在旅途中遇到的最尴尬的事情是什么？

李响：拿前年的一次旅行来说吧，我上错飞机了。没有人提醒我登机牌错了，那个座位也是空的，于是我就坐下了。直到我听到广播，才意识到这个麻烦。当时我的脑子嗡的一下，后来就将错就错，到了另外一个地方，看到了美丽的风景，尝到了有特色的美食。

记者：在一个陌生的地方，如何能尽快地发现当地最地道的东西，比如食物或者民俗？

李响：刚到一个陌生的地方，吃什么、去哪儿吃、什么地方的东西地道，我们可能完全摸不着头脑。只要看看当地人都吃什么，或者做他们常做的事儿就行了。如果在餐厅里你跟当地人没法交流，可以指指别人吃的，说“我也来这个”，这招通常很奏效！

记者：对于旅行经验不丰富的游客，您有什么建议？

李响：我觉得最重要的一点是，在家里你不会做的事情，在路上也不要做！说来也怪，有很多人会做一些在自己家里永远不会想到去做的事情！

一、听课文，判断正误

参考答案 1. 对　2. 错　3. 错　4. 对　5. 对　6. 错　7. 对　8. 对

第二部分

听一听

录音 18

课文 节俭出行

● **背景提示**

旅行不仅可以放松心情，而且可以让人体验到不同的生活。现代人繁忙的工作使长途旅行不容易实现，但是，不妨利用周末去郊区走走，说不定你会发现一个世外桃源。

男：听说你和你男朋友周末去了趟郊区，怎么样？

女：真不错。那儿简直就是世外桃源，青山绿水，空气清新，人也不多。我最满意的是这次我们花的钱不多，但享受到了很大的乐趣。

男：真行啊，你们怎么去的？

女：我们在学校门口坐 986，坐到终点，打了辆出租车，只要 10 块钱就到目的地了。那个司机师傅是当地人，特热情，还主动给我们介绍了当地的特色小吃。

男：是啊，到哪儿就要吃哪儿有特色的东西。

女：我们还找了个农家乐，就是在一个农民家吃住。他们家院子里种了各种各样的蔬菜，我们要吃什么只管自己去摘，不但认识了很多蔬菜，而且这些蔬菜也绝对是绿色食品。

男：难怪今天上课的时候，你能说出那么多蔬菜的名字。听口气，你们这次是玩儿得开心，吃得痛快，还学到不少知识呢！

女：那还用说，你也找个时间去体验一下吧，我可以告诉你那个出租车师傅的电话，还有那家农家乐的地址，他们家整洁干净，主人还养了一只猫和一只狗。

一、听课文，选择正确答案

1. 下面哪一项不是女的对郊区的评价？
2. 他们怎么去的？
3. 下面哪一项是对的？
4. 对话中的男女可能是什么关系？

参考答案 1. B　2. D　3. D　4. C

4 人生百态

第一部分

听一听

热身

录音 20

一、听小对话，选择正确答案

1. 女：小陈，你这是怎么了？接完电话怎么就坐不住了？

   男：是呀，我女朋友的声音听起来有些不大对劲儿，她也不告诉我到底发生了什么，真让人不放心。

   问：下面哪一项与对话内容相符？

2. 男：李老师，您快去教室看看吧，王新跟小胖打得不可开交，我们谁劝都没用。

   女：这两个人怎么回事，怎么总打架？都说他们多少回了！

   问：下面哪一项与对话内容相符？

3. 男：你的脾气该改改了，有一点儿不顺心就发脾气，老板批评你两句，二话不说就辞职，你知道这份工作有多少人羡慕吗？

   女：我就是受不了老板不了解情况就瞎批评人的样子。找工作的事您别担心，大不了等半年，肯定能再找到一份好工作。

   问：下面哪一项与女的的情况相符？

4. 女：别傻站在那儿了，快评价评价我的新工作。

   男：有什么好评价的，不过就是调换了一下沙发的位置而已。

   问：下面哪一项与对话内容相符？

5. 男：你真可笑，竟然相信一见钟情！要我说呀，人家是冲着你们家的条件来的。

女：你这个人太不浪漫了！你以为别人都像你一样，这么看重钱财。我相信这世上还是有纯洁的爱情的。

问：下面哪一项与对话内容不符？

6. 男：你别杞人忧天了，女儿他们自己怎么带不了孩子？咱们年轻时没人帮忙，不就是自己把两个孩子带大的吗？

女：我怎么是杞人忧天了？你看咱女儿每天紧张成什么样了？现在的情况可跟咱们那个时代不一样了。

问：下面哪一项与对话内容相符？

7. 女：你干什么呢？怎么把东西扔了一地？

男：我在找照相机的充电器呢。明明是放在这个抽屉里的，怎么就不翼而飞了呢？

女：根本就没在那儿放着，你瞎找什么呀！

问：下面哪一项与对话内容相符？

8. 女：你们就别去问陈斌了，他每月就那么一点儿生活费，哪有钱去玩儿啊？你们要是问他，那不是让他为难吗？

男：还是王楠善解人意，那就咱们几个人去吧。

问：下面哪一项与对话内容相符？

参考答案 1. B　2. B　3. A　4. C　5. C　6. A　7. D　8. C

录音 21

二、下面你将听到一句话，听后请做出恰当的应答

1. A：听说小亮一犯错误他爸爸就打他。是这样吗？

B：____________________（简直就）

2. A：那个市场有这么好吗？你逛五六个小时？

B：____________________（简直就）

3. A：大夫说你爸爸的病怎么样？要不要做手术？

B：____________________（不过……而已）

4. A：你给我们看的是你这次旅行拍的全部照片吗？

B：____________________（不过……而已）

录音 22

课　文　第五个好男人

● **背景提示**

你有过网上交友的经历吗？你在网上认识的朋友可信吗？也许在网上你真的交到了好朋友，可是下面故事中的主人公就没有你那么幸运了。

这天上午，陈斌一个人在家没事可做，打算上 QQ 聊天儿解闷儿。

刚登录，一个少女头像就闪动起来。陈斌知道这是“窈窕小炸鱼”，他们已经聊了二十多天了。“窈窕小炸鱼”善解人意，说话俏皮，和她聊天儿简直就是一种享受。

“你现在在哪里？”

“在家里，烦死了。”

“烦什么呀？你爸爸妈妈还没为你找到工作呀？”

“没有。”

“你爸爸妈妈呢？”

“看我爷爷奶奶去了。”

“什么时候回来？”

“晚上。”

“那、那你怎么解决中午吃饭的问题呀？”

“泡方便面。”

“干脆，我过来和你一起做午饭。”

“好！”

大约半个小时后，陈斌的手机响了。“斌哥哥，我就在你家楼下。”陈斌打开窗户，哇！一个妙龄少女站在楼下。

陈斌急忙下楼去接她。恨不得亲她、抱她一下！

“窈、窈窕小炸鱼，你来了！快，快上楼到我家里坐。”

“斌哥哥，你看，都 11 点了，我们还是先上街买菜吧。”

“对对对！”陈斌和她一起来到附近的菜市场买菜，“窈窕小炸鱼”抢着付菜钱。

回到家，“窈窕小炸鱼”二话不说，系上围裙，开始做饭。她先用电饭煲煮饭，然后择菜洗菜，忙得不可开交。陈斌几次跑进厨房要帮忙，都被推了出来。

“斌哥哥，不要你动手了，你就等着尝我的手艺吧。”

陈斌此时真有一见钟情的感觉，心里想：都说网络是虚拟的，网友骗人，其实那只是杞人忧天，自己吓唬自己而已，哈哈！

忽然，“窈窕小炸鱼”娇柔地喊：“斌哥哥，酱油用完了，你赶快到楼下去买，我等着要用。”

“好嘞！”陈斌喜滋滋地跑下楼，飞快地买回酱油：“我回来啦！”

没人应声。陈斌觉得不对劲儿，他推开厨房门，可是厨房没人。他又敲厕所门，也没有动静。

这下陈斌慌了！难道“窈窕小炸鱼”她……？赶紧检查丢失了什么东西没有。天哪！手提电脑和手机都不翼而飞，放在抽屉里的800块钱也不见了。

陈斌大脑顿时一片空白。忽然，他发现了桌上有一张留言条，“饭煮好了，菜也为你炒了几个，你一个人吃吧！你是我遇到的第五个好男人。嘻嘻，永不再见！你的永远消失的窈窕小炸鱼”。

改编自张金初《第五个好男人》

文章来源：《故事林》2011年第3期

一、听课文，判断正误

参考答案 1. 对　2. 对　3. 对　4. 错　5. 错　6. 对　7. 对　8. 对

第二部分

听一听

录音24

课文　公交车上

● **背景提示**

你可能听说过很多发生在公共汽车上的事情，但是相信你一定没有听说过下面这样的事情。

公交车上上来一位小美女，她个子应该在1米62左右，我1米80，比她高一头多。她手里拿着一杯带包装的豆浆，就站在我的前面，由于特别挤，她站在中间，根本抓不到扶手，可能是怕豆浆挤洒了，就把装豆浆的纸杯高高地举过肩膀，还时不时地喝一口，她举起来的豆浆的吸管刚好离我的嘴不远。我早上没吃早点，闻着豆浆的味道实在饿得受不了。

过了一会儿我实在忍不住了，就张嘴吸了一小口，很轻的，小美女没有发现，然后她又拿过去喝了一口，接着又举过肩膀，我又吸了一口。不一会儿，她自言自语地说了句："什么世道，卖豆浆的都骗人，装这么少，没几下就快喝完了。"当时我差点儿笑出声来。她又把纸杯举过肩膀的时候，我又去吸了一下，结果，发出了"咕噜噜咕噜噜"的声音。小美女猛地一回头，我嘴里正含着她的吸管，当时那个尴尬啊，跳车的想法都有了。小美女说："你干吗啊？好喝不？要不要我再给你买一杯？看你穿得这么帅气，不像是穷人啊。"我尴尬地一句话也说不出来。下一站小美女下车了，周围几个人一直在看我，我自我解嘲地说："是我女友，和我开玩笑呢。"又过了一站，车门一开，我就跳下了车……浑身的汗啊。

一、听课文，判断正误

参考答案 1. 对 2. 错 3. 对 4. 对 5. 错 6. 错

复习一

听力部分

录音 25

一、听小对话，选择正确答案

1. 男：你怎么啦？

   女：别提了！我的书包刚才还放在这儿呢，里面有身份证、钥匙、几百块钱，怎么转眼就不见了？

   男：不会是让人拿错了吧？

   问：女的遇到了什么麻烦？

2. 男：你们怎么还没出门呀？不是 8 点的表演吗？

   女：急什么！现在还没到 7 点。

   男：就我妈那开车速度……再说了，万一路上堵车怎么办？

   女：说的也是，那我们马上走。

   问：女的是什么意思？

3. 女：如果光听迈克说话，你一定会以为他是北京人。

   男：真有两下子，真是个语言天才。

   女：那还用说！

   问：女的说话的语气表示了她什么样的态度？

4. 女：这个房子真不错。附近不光有小学，还有地铁站，正南正北，光线充足。

   男：别着急，买房子可是件大事，我们再看看。

   问：关于房子，没有提到的是哪一方面？

5. 男：你一干就是一整天，你看你忙得连吃饭都顾不上了，这怎么能行？快吃饭，明天再做吧。

女：不干不行啊，这些材料明天要交，今天非得弄完。

问：下面哪一项与对话内容不符？

6. 女：干你们这一行的真让人羡慕，今天飞这儿，明天飞那儿，边工作还能边旅行。

男：要说这工作其实也没什么好羡慕的，我们基本上没时间玩儿，一到那儿就开始准备采访。

问：男的可能是做什么的？

7. 男：这大周末的，你让小王替你加班，他会来吗？

女：谁也不想随便麻烦谁，我这不是实在走不开嘛，况且我都替他加过两回班了！

问：女的是什么意思？

8. 男：整个项目只有他们几个人组织，我看多半完不成。

女：用不着担心，这些年轻人都想着露一手呢。再说，人多不一定能办好，人少反而效率高。

问：女的是什么意思？

9. 男：你别不当回事儿，赶紧请教一下专业人士。

女：我问了，我问了张教授、马教授和刘主任，他们都说这个计划还是可行的。

问：下面哪一项与对话内容不符？

10. 男：咱们这儿的物业还不错，要修个东西什么的，打个电话就派人来了。

女：哪儿啊，看咱们楼道多脏啊，不知道多久才打扫一回。

问：女的是什么意思？

11. 女：你毕业已经一年了，还没找到工作，老待在家里，总靠你父母，也不是个事儿。要不咱俩一起开一个网店吧？

男：开网店，有那么容易吗？我这也是在找合适的机会啊。别着急，工作会有的，面包会有的。

问：下面哪一项与男的的情况相符？

12. 女：这次出国考察让谁去呢？

男：我看小钟和小李都可以，他们都有能力，并且都很细心。

女：小钟倒是经验比较丰富，可是最近身体不是太好，要不就让小李去吧。

问：没让小钟去的原因是什么？

13. 男：很多年轻人都往城里挤。老师让他留在学校工作，朋友想和他开公司，他却死活要去农村。

女：说来也怪，朋友劝他，老师也劝他，父母更是强烈反对，但他最终还是做出这样的决定。真不知道他怎么想的。

问：“他”想做什么？

14. 女：李强也见过不少女孩儿了，不是嫌别人不漂亮，就是嫌人家性格不好。这下可好，都快奔四十的人了还没找到对象。

男：他不过是找借口而已，人家根本不想结婚。

问：男的和女的在谈论什么？

15. 女：老陈请了你好几次，你为什么老拒绝他呢？

男：我们上次因为那件事吵得不可开交，现在我都懒得理他，真没想到他是这种人。

问：下面哪一项与对话内容相符？

16. 女：假期快到了，你有什么安排？

男：安排？什么安排也没有！就想着每天吃饱了睡，睡够了再吃。

女：你太没理想了，简直就是个动物！

问：下面哪一项与对话内容不符？

17. 女：不就是挨老爸一顿骂吗？这么伤心，至于吗？

男：怎么不至于？还不是因为你！

女：听口气，这件事还我和有关系呢。

问：下面哪一项与对话内容相符？

18. 男：这是什么世道啊？这几天倒霉透了。

女：怎么啦？

男：先是把钱包丢了，后是不知把照相机搁哪儿了，怎么找也没找到，接着，昨天切菜的时候把手给划破了，今天又把钥匙落在屋里了。

问：男的遇到的第三件不愉快的事是什么？

19. 女：在学汉语的过程中，哪个方面让你觉得比较困难？

男：我觉得不同阶段有不同阶段的难题，刚开始学拼音的时候，觉得声调很难，学到后来，语法和我的母语很不一样，也觉得困难。到现在，好像汉语说得不错了，写得也行，但和中国人交流起来，有时候还是不明白他们的意思。拿昨天来说，我的中国朋友邀我去他家玩儿，可是也没说什么时候去，我不知道他是真的想邀请我，还是只是表示客气。

问：下面哪一项与对话内容不符？

20. 女：这附近哪儿有卖毛笔和墨水的？

男：我也刚来，不太清楚。对了，你可以问问李明，他对这里比较熟悉。

问：下面哪一项与对话内容相符？

参考答案 1. C　2. C　3. B　4. C　5. A　6. D　7. B　8. B　9. A　10. B

11. B　12. D　13. A　14. B　15. D　16. B　17. A　18. B　19. A　20. C

录音 26

二、听对话或短文，并口头概括

对话 出发前

女：带把伞吧，既能挡雨还能遮阳。

男：伞就算了，你看，行李箱都塞得满满的了。

女：你想带哪套运动服？去年买的这套怎么样？比较轻便。

男：好的。顺便帮我把那双休闲鞋也带上，万一要去爬山什么的。

女：啊，那双休闲鞋我昨天刚送到鞋店去洗，要不，你带这双运动鞋吧。

男：行，就这双吧。

女：相机、充电器这些我都放在左边这个包里，右边那个包里装了些备用药。有备无患！记住了，这次你可别再打肿脸充胖子了，不能喝就别喝。还记得上次咱们去海南吗？原本计划得好好的，就你喝多了，在酒店躺了两天，结果哪儿也没去成。

男：谁想喝成那样？不过，主人那么热情，你怎么好扫人家的兴？那个蓝色的包里装的是什么？

女：我又在老李那儿买了几盒红茶，你可以当礼物送给当地的朋友。

男：还是老婆想得周到啊，你别说，他家的茶叶还真不错，口感好。

女：来，再检查一下，护照、机票、通讯录我都给你放在随身背的小包里，你这马大哈，自己出门真叫人不放心。

短文 对不起，妈妈

● 背景提示

世界上没有比妈妈更关心自己的孩子了。然而妈妈的做法有时不但得不到孩子的理解，反而引来孩子的不满，冲妈妈发脾气。脾气发过之后，孩子会怎么样呢？

今天早上，我妈妈喊我起床，妈妈语气稍微重了点儿，我就莫名其妙地冲她发起火来，妈妈也火了，她不明白她喊我起床有什么错。我们俩吵了起来，我居然还哭了。后来妈妈一直唠叨，我也没理她，我哭我的，她骂她的……

在我去梳洗的时候，妈妈盛了碗粥出来，我知道那是给我的，妈妈拿着勺子一圈一圈地划着粥，继续唠叨了两句，低下头轻轻地吹起粥来。妈妈说等我梳洗完，粥就凉了，叮嘱我一定要吃完，她就一直吹着、划着。

看着她这么做，我心里真是难过。想想看，她做这一切还不都是为我好？我有什么理由冲她发火，凭什么一直到现在还不理她？想着想着，眼泪就掉了下来，现在想想还是好难过、好想哭。

妈妈，我知道错了，我以后会尽量忍住脾气。世界上没人比你对我更真了，我错了错了，对不起，妈妈。

5 喜怒哀乐

第一部分

听一听

热身

录音 28

一、听小对话，选择正确答案

1. 女：爸，你是不是又惹我妈生气了？要不她怎么发这么大火？

   男：我什么时候惹她生气了？我都不明白她为什么只冲我发火。

   问：下面哪一项与对话内容不符？

2. 男：孩子生病在家，你怎么能不管不顾，还加班！

   女：哪是我想加班啊？我也着急回来，可是经理不让走啊！

   问：男的说话是什么语气？

3. 女：你别动不动拿考不好就揍他来吓唬孩子，你又不是真的舍得打他，到时候他真没考好，你怎么办？

   男：我这样吓唬吓唬他，他就不敢不好好学了。

   问：女的说这句话的意思是什么？

4. 男：你呀，怎么不好好看看说明书？叫你这么一通瞎按，这机器哪有不坏的？

   女：我本来以为这个电饭锅跟以前的也差不多，就懒得看说明书了，没想到就……

   问：从对话可以知道什么？

5. 女：老李，你啊，有什么事情，别总放在心里，该发泄就发泄，生闷气可不好。

男：我能跟谁发泄？在单位，不能跟同事发泄吧？回到家，也不能跟老婆发泄，所以，只能放在心里。

问：从对话可以知道什么？

6. 男：她摔东西，那还是轻的，你还没看见她那天是怎么骂化妆师的呢。

女：她有什么了不起的？不就是演了一部卖得不错的电影吗？

问：女的是什么语气？

7. 女：王小兰的男友嫌她胖，跟她提出分手了，从那以后她吃起东西来比以前更加不管不顾了。

男：她这么发展下去，不是更胖了吗？女人怎么这么傻啊，这个人不爱你，还有别的选择嘛。

问：关于王小兰，下面哪一项与对话内容相符？

8. 男：我可不希望女儿去学什么表演。一旦进入表演这一行，麻烦事也就跟着来了。

女：我也劝过她，可是她不听啊，还是你找个时间跟她谈谈吧。

问：下面哪一项与对话内容不符？

参考答案 1. C　2. A　3. B　4. A　5. C　6. C　7. D　8. B

录音 29

二、下面你将听到一句话，听后请做出恰当的应答

1. A：在你们这里酒后开车会受到惩罚吗？

   B：______________________（轻的……，重的……）

2. A：你对抑郁症有了解吗？得了这种病会怎么样？

   B：______________________（轻的……，重的……）

3. A：人们都说孩子小时候父母对他的影响最大了，父母是孩子人生的第一位老师。

   B：______________________（一旦……，就……）

4. A：咱们现在往山顶爬，你在最前边，千万别摔倒啊！

   B：______________________（一旦……，就……）

录音 30

课文　说脾气

● **背景提示**

谁都有脾气，只不过有的人脾气大点儿，有的人脾气小点儿；有的人有情绪的时候能控制自己，有的人控制不住自己。有情绪的时候，发泄出来好，还是压在心里好？有没有消气的方法？下面就让我们来听一听。

脾气谁都有。一般人只是偶尔发发脾气而已，可是有的人就不同了，他们不太容易控制住自己的情绪，碰到一点儿不顺心就发火，动不动就发脾气。有的人发起脾气来什么都不管不顾，轻的自己生闷气、骂人，重的摔东西、打人。爱发脾气是性格问题，还是病？或者另有别的原因？

一般来说，性格和脾气是天生的，不过后天也有可能改变。最明显的例子就是，有的演员事业成功了，脾气也跟着变大了，也有的人因为生病或者工作和生活遇到问题，脾气变得大起来。

发脾气都是有原因的，发之前都觉得自己有发脾气的理由。但是不管你的理由对不对，脾气一旦发出去，你就输了，你所有的好就都没了，而且总发脾气对自己的身体也没有好处。所以有一句话说得好："生气是拿别人的错误来惩罚自己。"

发脾气不好，但是有情绪的话不发泄出来，人也会生病。所以最好是找个办法把心里的不满发泄出来。发泄的方法有很多种，比如找个没人的地方大喊大叫、捶胸、跺脚、打枕头、捶沙发等让自己消气。日本有一个尖叫日活动，那些情绪不好的人聚到一个地方，放开嗓门一通大叫，用这种方法使情绪得到发泄。还有一种心理治疗室，叫发泄屋。进到小屋里的人，把某种物品当作自己发泄的对象，对它进行"打骂"。当然也有温柔的方法，比如有的人拼命吃东西，有的人疯狂购物，不过这样做，当时可能挺高兴，但是气消了以后，难免会后悔。

一、听课文，选择正确答案

1. 下面哪个不是课文中提到的发脾气的原因？
2. 说话人对发脾气怎么看？
3. 课文中提到的"发泄屋"与下面哪种说法相符？

参考答案 1. C　2. B　3. D

第二部分

听一听

录音 32

课文 病中感悟

● **背景提示**

一个人在生病或是遇到不顺心的事时可能就爱发脾气。发脾气的人觉得自己有发脾气的理由，但是当他做得太过分时，可能因此伤害朋友。

我平时脾气不好，爱急，朋友、同事了解我这脾气，都让着我。

那天我生病了，前一天晚上就开始发烧，朋友开玩笑地说我得了“猪流感”。

我头痛得厉害，感觉就像要炸开了，脾气很暴躁，我已经骂了好多人，人家都不跟我计较，我骂我的，人家做人家的。我嗓子也很难受，咳嗽的时候还咳出了一点儿血，我奇怪地问自己：嗓子这么难受，怎么还可以发出那么大的声音？是不是都是平时脾气太坏了，所以才落得这样的下场？

我感到浑身发冷，穿了比别人多几倍的衣服，仍然缩成一团。我呆呆地对着电脑，突然想抽根烟，可是我知道，那样嗓子就更完了，于是还是忍住了。我打开了一个网页，上面一排大字是卖房子的广告，我这种收入的人最怕提买房了。我离开了电脑，还能干些什么？

我拿起了一本小说，故事是说有两个好兄弟，其中一个总是爱对对方发脾气，对方一直迁就他，让着他。但是，终于有一天，因为一件事，彻底伤了对方的心，他们说了很多狠话，兄弟关系从此破裂了。之后的很多年，两人不再来往。后来，那个曾经爱发脾气的人得了绝症，在生命的最后一刻，他想见见当年的好兄弟。两人一见面，抱头痛哭起来……

我也被感动了。有些东西一旦失去就真的再也回不来了。懂得珍惜吧！

一、听课文，判断正误

参考答案 1. 错　2. 对　3. 对　4. 对　5. 错　6. 错　7. 错　8. 对

6 手机生活

第一部分

听一听

热身

录音 34

一、听小对话，选择正确答案

1. 女：你怎么了？脸色这么差？
   男：别提了，今天出去办事，跑了五家公司，一天三顿饭都没吃，六点多才回来，发现家里没吃的了，只好在楼下买了两个包子，还没顾上吃呢。
   问：男的是什么意思？
2. 女：你的报告写好了吗？
   男：我前几天出差，回来以后又跟老板去开会，这星期连家都没顾上回，哪顾得上写报告啊？
   问：男的最近干什么了？
3. 女：你的手机在中国可以用啊，为什么要买新的啊？
   男：用倒是可以用，打电话是没问题，可是没办法用中文收发短信，在中国用起来就不方便了。
   女：哦，是有这个问题。
   问：男的为什么要换手机？
4. 女：明天晚上的飞机，今天不着急收拾东西。
   男：要我说呀，你还是今天收拾的好。我还不了解你吗？明天又不知道上哪儿逛去了，哪儿有时间收拾啊？

问：男的是什么意思？

5. 男：发成绩单的那天我约了朋友，你能不能帮我取一下成绩单？

女：帮你取成绩单当然没问题，不过呢，我觉得你还是自己取的好，因为这可能是同学们最后一次见面了，你不去的话，挺可惜的。

问：女的是什么意思？

6. 男：昨天晚上看球赛，德国队踢得太好了，这次肯定是冠军。

女：看球赛？你等到晚上两点啊？我说你最近怎么总是睡不醒的样子。

问：女的是什么意思？

7. 男：马克呢？

女：他呀，回国参加面试去了。他七月份毕业以后就该工作了，所以现在得回去找工作。

男：我说怎么这几天学校开会一直没见着他。

问：马克在干什么？

8. 女：今年春节咱们就不回你家了，去海南旅行吧。你说呢？

男：这恐怕不行吧。今年一年都没顾上回去看看我爸妈，过春节好不容易有假期，说什么也得回去一趟啊。

女：那……我们的旅行又没希望了。

男：一周的假期，咱们可以回家待两天，然后找个近点儿的地方去旅行。海南嘛……下次假期再去吧。

问：男的是什么意思？

参考答案 1. A　2. C　3. C　4. C　5. B　6. A　7. D　8. C

录音 35

二、下面你将听到一句话，听后请做出恰当的应答

1. A：中午别做饭了，出去吃吧。

   B：____________________（还是……的好）

2. A：现在还早呢，四点的飞机，两点走就行。

   B：____________________（还是……的好）

3. A：这一个学期可累死我了，下了课还得上实习班，周末还有辅导。

   B：____________________（我说……怎么……呢）

4. A：今天家里的暖气不知道为什么停了。

B：______________（我说……怎么……呢）

5. A：行了，我觉得你复习得挺好的，休息休息吧。

B：______________（说什么也得……）

6. A：好了，我该走了，咱见一面就行了。

B：______________（说什么也得……）

录音 36

课文 办理手机业务

● **背景提示**

你们国家的手机在中国还能用吗？你用的手机号是哪个公司的？办了哪些套餐呢？

小芳：玛丽，我们留个电话吧，有空儿联系。

玛丽：不好意思，我还没顾上买手机呢。小芳，我正想问问你，在中国怎么办手机号？

小芳：哦，你打算买新手机吗？

玛丽：是啊，我们国家的手机在中国倒是可以用，就是没有中文，跟中国朋友用短信联系的话，挺不方便的。

小芳：嗯，还是换一个的好。

玛丽：在我们国家，一般都不用单独买手机，只要跟运营商签合同，每月交一定的钱，他们就会提供手机。

小芳：中国也可以这样，可以预存一笔话费，然后每月有最低消费，这样你就可以得到一部手机了。

玛丽：那你会选择这种服务吗？

小芳：对我们学生来说，每月的话费根本不可能达到最低消费的，所以这种方式不划算。另外，运营商能提供的手机款式也有限。要我说啊，还是去商店买比较好。

玛丽：我明天去买手机，买好手机以后我应该选择什么公司的号码呢？

小芳：那要看你用手机的情况了。如果你打电话比较少，可以选择没有月租费的号码，打多少电话交多少钱，但是每分钟的话费比较贵。所以如果电话多的话，还是选择合适的套餐划算。套餐里边除了通话时间以外，还包括一定数量的短信和上网流量。至于选哪一种套餐，选多少钱的套餐，就得根据自己的情况来定。如果你经常用手机上网，还可以再单独选一个上网流量包，比如 5 块钱 30M 流量的。

玛丽：对呀，我看到很多中国人也用手机发微博，我也打算注册一个中文的，这可是个学汉语、交中国朋友的好办法。

小芳：好啊，你赶快注册，回头我加你。

玛丽：你也发微博啊，我说你怎么老看手机。

小芳：呵呵，现在手机能上网，真是太方便了，你要是遇到什么不懂的，只要发一条微博，马上就有无数人帮你出主意。不管天南海北，大家就像一家人一样。

玛丽：看来我今天说什么也得先注册一个微博账号。

小芳：啊，我们说跑题了。还是说手机号的事吧，你可以上网先看看各个公司套餐的情况，选好以后我跟你去营业厅办手续。对了，网上还可以选手机号，我们中国人不太喜欢号码里边有 4，对你们外国人来说无所谓了。

二、听课文，判断正误

参考答案 1. 错　2. 错　3. 对　4. 对　5. 对　6. 错　7. 错　8. 对

第二部分

听一听

录音 38

课文　小学生该不该带手机

● **背景提示**

现在带手机去学校的小学生已经为数不少，家长们对这件事的看法却不太一样，有人支持，有人反对。你觉得小学生带手机上学好不好？

女：我儿子的手机是我们送他的生日礼物。我觉得带手机挺好的。我儿子小明一到学校就会给我发短信，告诉我安全到了。我随时可以知道他在哪儿，在干什么，免得老提心吊胆的。

男：方便是方便了，可是对学习影响很大啊。我儿子小羽上五年级，以前学习挺努力的。可是最近我发现他学习的时候总是时不时地看手机。他怕我们说他，把手机铃声关了，又怕耽误了跟他那些同学联系，只能经常看手机。

女：手机就是为了联系嘛，跟同学联系也不见得就是为了玩儿，也可能是商量学习嘛。同学之间经常联系，对孩子将来学会处理人与人之间的关系有好处啊。我觉得手机对沟通感情是很有好处的，我儿子有一次跟我赌气，又不好意思当面道歉，就给我发短信，问题就解决了。

男：还有啊，现在手机都能上网，网上什么信息都有，对孩子心理健康很不好，我们也不能老去翻孩子的手机，谁知道他们都接触些什么东西？

女：嗨，现在时代就是这样，那些不健康的信息也不是只有通过手机才能接触到，上网啊、逛街啊，都可能接触到这些东西，我们又不能总跟着他们。这个主要还是得靠教育吧，要告诉他们哪些东西是不好的，哪些东西是不适合小孩子的。

男：还有啊，手机辐射对孩子的身体健康也会有影响的，所以我觉得还是能不带就不带。

女：这倒是，不过科学越来越发达，辐射的影响也会越来越小的。

一、听课文，选择正确答案

1. 小明的手机是怎么得到的？
2. 小羽为什么经常看手机？
3. 女的怎么看待孩子跟同学联系这件事情？
4. 男的对孩子用手机上网的看法是什么？
5. 女的对手机辐射的意见是什么？

参考答案 1. B　2. D　3. C　4. C　5. A

7 城市生活

第一部分

听一听

热身

录音 40

一、听小对话，选择正确答案

1. 女：问你一个问题，如果我生病住院了，你怎么办？

   男：你怎么没头没脑地问这个问题？

   女：我最近一直不舒服，估计我是得什么病了。万一我得住院，家里的活儿你什么都不会干，怎么办呢？

   问：男的对女的提的问题是什么态度？

2. 女：你为什么打算离开这里？你不喜欢这里？我对你不够好？还是有其他想法？

   男：说真的，我挺喜欢这个城市，又安静又干净，还有你在这里，可是我还是想回到自己的家乡，在那里，我才能找到真正的自己。

   问：男的为什么想离开？

3. 男：你别再挑了，小伙子工作又好，长得又帅，对你又那么好，你上哪儿去找那么好的一个人？

   女：我也知道他很好，可我对他就是没感觉。

   问：下面哪一项与对话内容不符？

4. 女：咱们先吃吧，别等他了，周末晚高峰，他准得七八点才能到家。

   男：还是等等你丈夫，咱们先看会儿电视吧。

   问：女的是什么意思？

5. 男：平时不堵车的话，从公司到我家开车只要十分钟，昨天花了两小时。

女：太不可思议了！你说这交通问题什么时候能解决呀？我们每天得在路上花多少时间！

问：女的是什么语气？

6. 男：妈，我只是找了个外国女朋友，有什么好大惊小怪的？

女：我是担心你们习惯不一样，以后相处肯定有问题。我看过很多异国恋情，都没有好结果。我看你呀，还是再考虑考虑吧。

问：妈妈希望儿子怎么做？

7. 男：我爸在家就是个甩手掌柜，什么活儿都不干，家里的事儿都是我妈操心。

女：那你是像你爸，还是像你妈呢？

男：你放心吧，我可是里里外外一把手，没有我不会干的。咦，这微波炉怎么用？我得打电话问问我妈。

问：下面哪一项与对话内容相符？

8. 男：你为什么乱翻我的抽屉？

女：什么？你的抽屉像个垃圾箱，现在整整齐齐，你不感谢我，反而……，真是好心当成驴肝肺。

男：原来乱是乱，可是我能找到我想要的，可现在……哎，拜托以后收拾东西前先和我说一声。

问：女的为什么生气？

参考答案 1. D 2. A 3. A 4. D 5. B 6. B 7. C 8. C

录音 41

二、下面你将听到一句话，听后请做出恰当的应答

1. A：现在怎么那么多人上淘宝网买东西？

B：____________________（上哪儿 + V）

2. A：祝贺你孩子找了个好工作！你对他的工作满意吧？

B：____________________（上哪儿 + V）

3. A：你想继续读研究生吗？

B：____________________（说真的）

4. A：留在大城市生活，压力比较大，在小城市工作，轻松多了，但机会也少了，你打算怎么办？

B：____________________（说真的）

5. A：昨天阅读课考试我不及格，真倒霉！

B：______________________（这有什么……的）

6. A：老板让我把这篇文章翻译成英语，晚上我得开夜车了。

B：______________________（这有什么……的）

录音 42

课文 城市与人

● **背景提示**

在你的朋友中，有没有人正在经历着异国恋情？他们的感情怎么样？是否有矛盾？

男：问你个问题：你会不会看你男朋友手机的短信？

女：偶尔看看，怎么啦？没头没脑地问这个问题。

男：真的吗？我的西班牙朋友经常向我抱怨，说他的中国女朋友没事老爱看他的手机，太不可思议了！

女：这有什么大惊小怪的？男女朋友之间还有什么秘密吗？

男：在我们西方人看来，这确实让人不舒服。他们在一起，总有一些小插曲。还有一次，我朋友回家发现他女朋友把他衣柜里的衣服都洗了。

女：这么贤惠的姑娘上哪儿找去啊？

男：可是没有经过别人的同意，就翻别人的衣柜，这不太礼貌吧？

女：什么？帮男朋友洗衣服还被当成不礼貌，真是好心当成驴肝肺，这文化差异也太大了吧！

男：东西方文化差异大这很正常，可我觉得中国南北方文化差异也挺大的。

女：这点你说对了。北方男人就比较粗线条，在家是甩手掌柜，不屑于做家务。我男朋友是上海人，洗衣做饭都很在行。

男：那么和北方男人比，他有什么缺点？

女：说真的，他还真没什么缺点。如果非要说一个缺点，他的缺点就是毫无方向感。

男：没错，北京人的方向感特别强。刚到北京的时候，我在王府井打听去景山怎么走，对方回答："往北，第二个十字路口奔西，走两站地，路北就是。"我听了愣在那儿半天。

女：你不知道是应该的，可他来北京那么多年了，去一个没去过的地方准得迷路。

男：提到北京人的方向感，我想起胡同里流传的一个笑话：老两口睡在床上，老头儿被挤到了边儿上，他不是说"往里点儿"，而是说："您往南边挪挪！"

女：哈哈！这你也听过？你还知道什么？

男：南方人吃得都比较清淡，喜欢米饭，北方人口味重，喜欢面食，对吧？

女：知道的还真不少！你喜欢中国的南方女孩还是北方女孩呢？改天我给你介绍一个中国女朋友。

一、听课文，判断正误

参考答案 1. 对　2. 对　3. 错　4. 错　5. 错　6. 对　7. 错　8. 对

第二部分

听一听

录音 44

课文　遭遇堵车

● **背景提示**

在很多国家，大城市生活的一部分是堵车。如果你遭遇堵车，你会怎么办？

女：你总算回来了！饭菜我都已经热两遍了！

男：亲爱的，今天车都堵在路上，一动不动，就像一个巨大的停车场，场面相当壮观！

女：现在不是尾号限行吗？怎么还有那么多车？

男：尾号限行是根据车牌号的最后一个数字来决定哪天你的车不能开，比如 1 和 6 是周三不能开，那么一辆车在一星期内就一天不能开，这能解决多大的问题呢？车还是越来越多。

女：没准儿你坐地铁上班会好一些。

男：上下班高峰坐地铁也是一场可怕的经历，人都快挤成照片了。

女：好歹坐地铁能准时准点儿吧？

男：从公司到咱家，要换两次，一号线倒二号线还方便点儿，二号线换十三号线得走半天。

女：我看你开车开得都变懒了，那么点儿路都不愿意走。当初非得买这辆越野车，说什么能享受到驾驶的乐趣，这样的路况能有乐趣吗？后悔了吧？

男：是，我错了！这么着吧，咱们把这辆车卖了，把房子也卖了，搬回老家农村住吧，肯定不堵车。

女：有人说，缺了一角的月亮比满月好看，有缺憾的生活才精彩。既然我们享受大城市的资源，就该承受相应的压力，对吧？

男：我才发现我太太是个大哲学家。说得好！刚才堵车的时候我在玩儿微博，给你读几个。有堵车赶不上飞机的，有坐太久公交车晕车的，有被困在立交桥上想上厕所的，还有一个说，在车上睡醒了两次，发现还堵在同一座桥上。

女：你们还挺能以苦为乐的嘛！

一、听课文，选择正确答案

1. 男的是怎么回家的？
2. 男的为什么不坐地铁上班？
3. 男的为什么说他错了？
4. 下面哪一项说法与对话不符？
5. 男的和女的是什么关系？

参考答案 1. C　2. A　3. B　4. C　5. B

8 涉世之初

第一部分

听一听

热身

录音 46

一、听小对话，选择正确答案

1. 女：你朋友的工作真让人羡慕，每周四节课，下课就回家，而且还有寒假和暑假。真不理解那么好的工作他为什么不想干了。

   男：说的也是。不过每个人都有自己的想法。

   问：下面哪一项与对话内容相符？

2. 女：你身体刚刚恢复，得多休息。过一段时间再工作吧。

   男：说的也是。可是前一段住院影响了太多工作。再休息下去，就该被老板炒鱿鱼了，真让人发愁。

   问：下面哪一项与男的的情况相符？

3. 男：咦，这是你男朋友的照片吗？小帅哥呀！

   女：我可没这福气，这是我好朋友的男朋友。

   男：那我就放心了，告诉你，找男朋友如果光看外表就麻烦了，一定要找一个懂得你的人。

   问：男的的意思是什么？

4. 女：爸，明天是我第一天上班，好紧张，不知道上班该怎么做。

   男：爸告诉你一个办法。你刚到一个新的环境，最好光长眼睛和耳朵，就是不能长嘴。等半年以后你有想法了，你有意见了，再来表现。不要一上来就只是带一张嘴来。

   问：爸爸建议女儿怎么做？

5. 男：第一天工作怎么样？是不是被老板批评啦？

女：我就知道您会小看我。让您失望了，老板不但没批评我，反而大大地表扬了我一通，说我工作仔细，有热情。

问：女的是什么语气？

6. 男：你就知道买便宜货，上次买的杯子才用一次就坏了，这次买的床单颜色掉得也很厉害。便宜没好货，下次可别再买这些乱七八糟的东西了。

女：你就知道抱怨！谁不知道贵的东西好呀？可是你看看现在物价这么贵，下次让你去买。

问：男的抱怨什么？

7. 男：我真不喜欢这身制服，穿上它，感觉都不像自己了。

女：别发牢骚了，快去工作吧！

问：下面哪一项与男的的情况相符？

8. 男：我们的老板整天发牢骚，看什么都不顺眼，和他一起工作真是悲剧。你们的老板还好吧？

女：我们以前的老板也是这样，自己做错了还责怪我们。现在这个挺好，挺有亲和力的，没事儿喜欢和我们开玩笑。

问：女的现在的老板怎么样？

参考答案 1. B 2. A 3. C 4. D 5. C 6. B 7. A 8. C

录音 47

二、下面你将听到一句话，听后请做出恰当的应答

1. A：你有一个外国同屋还是挺好的，可以了解对方不同的文化。

B：____________________（说的也是）

2. A：早睡早起会让你精神好、身体好，为什么不试试？

B：____________________（说的也是）

3. A：你想不想和我一起看《猫的日记》这个卡通电影？

B：____________________（光……就……）

4. A：我最近倒霉透了，什么坏事都找到我头上来了。

B：____________________（光……就……）

5. A：小明小时候是个怎样的孩子？

B：____________________（就知道）

6. A：你和男朋友最近相处得怎么样？

B：______________（就知道）

录音 48

课文 工作初体验

● **背景提示**

刚开始工作的人可能总会有些担心，不知道怎么做才好，听听下面对话中的人怎么说。

男：这一身制服很适合你嘛！

女：别拿我开心了，公司想让我们穿上显得更职业一些，可我觉得像小丑。

男：其实也不是那么糟。不过这样你就不用每天发愁穿什么了。你喜欢现在的新工作吗？觉得干销售怎么样？

女：我想你不会想听我发牢骚吧。

男：你哪天没发牢骚呢？快跟我说说吧。

女：现在的工作不如以前的自由。以前搞策划，多多少少还能有自己的想法。

男：你啊，不要老是拿以前的优点跟现在的缺点比，如果是这样的心态跟方式，很难有幸福感。调整好心态，可能会开心一些。

女：话是这么说，可是我忍不住会比较，而且对公司在管理方面也有一些看法。

男：我建议你到一个新的环境之后，最好先多了解，包括好的地方、不好的地方都要去看。前半年时间你光长眼睛和耳朵，就是不能长嘴，半年以后你有想法了，你有意见了，再来表现，不要一上来就只是带一张嘴来，老是在否定。

女：说的也是。不过造物主真不公平，我的一个同事，天生丽质，聪明能干，她就是为了做销售而生的，她简直能把冰箱卖给爱斯基摩人。我感觉自己怎么做也不如她。

男：想开点儿吧。你有你的优势，比如你做事情麻利，很有亲和力。

女：好了，别安慰我了，我也不至于那么脆弱。说个好笑的吧，我们给那个女同事取了个外号，叫“表妹”，知道为什么吗？

男：“表妹”？难道她是你们公司里某人的亲戚？

女：她呀，几乎每天换一只手表，爱戴表的妹妹可不就是“表妹”嘛！

男：你们这群人真无聊，就知道说别人。

一、听课文，判断正误

参考答案 1. 对 2. 对 3. 错 4. 错 5. 错 6. 对 7. 对 8. 错

第二部分

听一听

录音 50

课文 同屋之间

● 背景提示

你们有同屋吗？你们是怎么处理跟同屋之间的关系的呢？我们先来听听，下边的对话中，主人公遇到了哪些问题。

男：我真不知道该拿我同屋怎么办！

女：怎么了？你们开始不是相处得挺好的吗？

男：开始我还能容忍，现在我受不了了。他每天夜里两三点才睡，和女朋友视频聊天聊到凌晨，害得我不得不戴着耳塞才能睡着。

女：你跟他谈过这个问题吗？

男：我说过。可他还让我理解，说什么因为时差，他也是不得已的。更要命的是，他睡觉还打呼噜。

女：真的呀，我以前的同屋也打呼噜。

男：他还很喜欢把朋友带到房间来，他们一大群人坐在我床上，把屋里弄得脏兮兮的。

女：也不是我说你，你也可以趁此机会多交朋友，不是说“朋友多了路好走”嘛，你也别太计较了。

男：我也不是个小肚鸡肠的人。可是，他随便的程度简直令人难以置信。比如，他没经过我的同意随便拿我的东西吃，有一次，他甚至还穿了我的一件衣服，穿过之后没洗就还给我了。

女：这确实有点儿过分。要不你想想办法，怎么改善你们的关系。你可以在他的桌上放一张小卡片提醒他，或者节日的时候送他一个小礼物，然后再好好跟他谈谈。

男：反正我现在对他是左看不顺眼，右看也不顺眼。恨不得马上换个同屋。

女：但愿你的下一任没什么怪癖。

一、听课文，选择正确答案

1. 男的受不了谁？

2. 男的的同屋是怎样的人？

3. 下面哪一项说法与对话不符？

4. 下面哪一项说法与对话相符？

参考答案　1. B　2. D　3. A　4. C

复习二

听力部分

录音 51

一、听小对话，选择正确答案

1. 女：老李，周末一起吃个饭吧，听说老赵要去美国了，咱给他送个行。

   男：老赵啊，他已经走了。

   女：啊？前两天还说走之前大家一起吃个饭呢。

   男：那边事儿急，催他赶紧动身，昨天就动身了。要不是手续麻烦，上周就走了。

   女：哦，我说怎么不打招呼就走了呢。

   问：下面哪一项与对话内容相符？

2. 男：这趟旅行啊，我看没个一万五六是下不来。

   女：是啊，光飞机票就得九千，宾馆得三四千吧？吃饭呢？还得买些纪念品。

   男：说真的，花这么多钱，我真有点儿舍不得。你说咱们还去吗？

   女：这有什么好犹豫的？辛苦了一年了，也该放松一下了。

   问：从对话可以知道什么？

3. 女：那年在意大利旅行，我要坐火车去另外一个城市，我到车站时，距离开车时间还有10分钟了，可是车站的工作人员不让乘客上车。我用英语问他为什么，他用意大利语回答我，让我完全摸不着头脑，我很着急，后来还是一位懂英语的乘客告诉我火车在前一站出问题了。

   男：是啊，出国旅游，语言不通是一件很麻烦的事情，所以我一般不会选择自助旅行。

   问：下面哪一项与对话内容相符？

4. 男：怎么了？一脸不高兴的样子。

   女：在地铁上，一个人踩了我一脚，连句道歉的话也不说，我说他，他来了一句：“怕挤，你坐出租去啊！”你说多可气！

男：嗨，对这种人能不理，就不理，省得自己生气。

问：男的是什么语气？

5. 女：我给你准备的感冒药和消炎药，你装到旅行包里了没有？还有雨伞。

男：出去几天哪就至于生病？我看没必要带。倒是雨伞有必要带，那边正是雨季。

女：药也不重，还是带上吧，万一病了，你们在山上，上哪儿买药去啊？

男：那就听你的。

问：下面哪一项与对话内容相符？

6. 男：我就不赞成网上购物，他们把产品照得很漂亮，介绍得也很好，可是等你付了钱，拿到的可就不是照片里的东西了。

女：网购骗人的是有，可你也不能太杞人忧天，要都像你说的那样，网购怎么会发展得这么快？

问：女的对男的所说的情况怎么看？

7. 女：你这个人怎么这么说话啊？哪有这么开玩笑的？我生病，你高兴什么？

男：我不过跟你开个小玩笑而已，至于生那么大气吗？你最近动不动就发脾气，是不是有什么不顺心的事啊？

女：不顺心的事多着呢！

问：下面哪一项符合女的的情况？

8. 男：小王说要开公司，向他的几个大学同学借了很多钱，后来公司没开，钱也不还了。现在跟同学的关系也破裂了，大家都不跟他来往了。

女：他落得今天这样的下场一点儿也不奇怪，其实他这个人一直爱说大话，大家这回算是花钱买教训了。

问：从女的说的话可以知道什么？

9. 女：看来呀，小李是有女朋友了，一下班，顾不上说两句话，就往外跑。

男：我看也是。快下班之前，他还时不时看表。

问：下面哪一项不符合小李的情况？

10. 男：我的女友一发起脾气来就不管不顾，手机摔坏了两个，摔碎的杯子、碗数都数不过来了。

女：还没结婚就这么大脾气，真要是结了婚，你这么好脾气的人哪受得了？还是分了好。

问：从对话可以知道什么？

11. 女：爸，我觉得您真伟大，我妈这么叨唠您，您一点儿都不生气，还能坐在这儿看书。

男：她叨唠她的，我看我的。我都听她叨唠二十多年了，习惯了。

问：男的是什么态度？

12. 男：你这个急脾气说什么也得改改了。

女：改什么？谁还不能有点儿脾气？

男：你呀，这样下去，轻的是让周围的人不舒服，重的是伤自己的身体。

女：哪有你说得这么严重？

问：下面哪一项与对话内容相符？

13. 女：都是你让我去做销售，我的性格根本不适合这份工作，做销售一个月了，到现在一个订单都没有。

男：你急什么？什么事情都得有个过程，刚一个月你就把自己否定了？

女：我们组有一个人就是为销售而生的，他简直能把冰棍卖给爱斯基摩人。看着他一个接一个订单地来，我真是为自己着急。

男：别急，你的优势还没发挥出来呢。

问：从对话可以知道什么？

14. 男：小李太不像话了，动不动就不回家，家里的事一点儿都不管，哪天我得说说他。

女：得了吧你。人家家里的事儿，咱管得着吗？

问：女的是什么意思？

15. 男：马丽答应了吗？

女：她？没准儿呢。真是的，以前她找我帮忙，我二话不说就答应她，现在轮到我找她了，她竟然……

问：女的是什么语气？

16. 男：你的同屋知道你不抽烟，还在宿舍里抽烟，这是有点儿太过分了。

女：这个我都跟她说过好几次了，她说改也不改。这还算轻的呢，更要命的是她还不经过我同意，就穿我的衣服，你说烦不烦？

男：是挺烦的，我看你只有换宿舍了。

问：最让女的不满的是哪件事？

17. 女：刚才莉莉来跟我说，你把她的一片好心当成驴肝肺，她帮你做事，你还不信任她，是怎么回事？

男：哦，是这样。她嫌我的房间乱，要帮我收拾，我说你别管我的事，她就不高兴了。

女：这么好的女朋友，你上哪儿找去啊？

男：这只是你们的理解吧。我可不喜欢别人干涉我的生活。

问：从对话可以知道什么？

18. 男：今天幸亏我的车尾号限行，我在地铁上看新闻，说早高峰时国贸桥有事故，堵车堵了40分钟。

女：我看你还是坐地铁上班的好，你看坐地铁上你还能看新闻，地面上的交通太差了！

男：要不是地铁太挤，我还真愿意坐。你不知道早上地铁里挤得，人都快成照片了。

女：哈哈哈，看你说的。

问：下面哪一项与对话内容不符？

19．女：昨天买的那个灯不合适，装不上，你今天去换一个吧。

男：得了吧你，为了一个灯跑那么远啊，还不够打车钱呢，今天去超市的时候顺便再买一个得了。

女：说的也是。

问：下面哪一项与对话内容相符？

20．女：老李，不是我说你，你爱人这么喜欢那个戒指，你就应该给她买。好不容易去一趟国外，机会错过了就不再来了。

男：我当时就是觉得那个戒指有点儿贵，不值得。现在想想也是挺委屈她的。

问：下面哪一项与对话内容相符？

参考答案　1. C　2. C　3. B　4. C　5. A　6. C　7. D　8. B　9. C　10. A　11. D　12. C　13. A　14. D　15. C　16. A　17. C　18. A　19. D　20. B

录音 52

二、听短文，并口头概括

短文一　脾气与健康

你是个好脾气、有幽默感的人吗？如果是，那就祝贺你；如果不是，那我劝你，赶紧改一改吧。

研究人员对 63 位年龄在 80 岁以上的老年人进行了调查，仅以老年男子为例，在两个月的调查中，研究人员发现心情乐观、经常大笑的男子身体非常健康，与那些整天心情不好的老人明显不同。

研究人员说："心情和脾气与感冒的关系非常密切，有幽默感的人得感冒的几率非常小，相反，那些心情不好的人则更容易得感冒，得了感冒要多花好几天才能恢复。对老年男子来说，幽默的性格很明显能减少得感冒的机会，脾气不好则刚好相反，感冒专找这样的人。"

研究人员说："这只是一个小规模的调查，而且结果也只对男子有效，幽默感不同对老年女性身体健康没有影响，我们不知道为什么。但是不管怎么说，保持好的心情对身体总是有好处的。"

（改编自杨孝文《脾气不好易得感冒》，北京青年报，2004 年 09 月 18 日）

短文二 手机生活

“这年头，手里没一手机，都不好意思说自己是人类。”你听说过这样的话吗？手机为我们的生活带来了方便，但时间长了，人们忽然发现，离开手机，我们会变得全身都不自在。

刚刚大学毕业参加工作的小陈告诉记者，她每天早上睁开眼做的第一件事就是用手机打开QQ，然后再起床。而每天晚上睡觉前的最后一件事则是退出QQ。“用手机交流的时间久了，不管开心或不开心，都习惯用手机表达。有一次，去了单位才发现没带手机，硬是偷偷溜回家拿了手机才安心。”小陈说。

手机在给人们的工作和生活带来方便的同时，也带来了烦恼。

王野是一家小公司的秘书，老板很信任他，许多事情都交给他办。为了方便联系，公司还特意给他配了一部新型手机。“我们是一家小公司，平时不分工作日和休息日，有生意我们就工作，没生意时可以休息。最近我们公司的事情特别多，领导又把大小事情都交给我来办，有时半夜正在睡觉时也会被手机叫醒。我常想，如果没有手机，那我一定可以好好睡上一觉。”王野说。

手机无处不在，人们似乎越来越习惯手机生活，却越来越不适应现实世界里的真实生活了。赵先生去年参加了一次同学聚会，回来后很失望，他抱怨说：“和我想象中多年不见的老同学见面的场景一点儿也不一样。本来想借着这个机会和老同学们好好地聊聊，但大家在饭桌上除了偶尔抬起头打个招呼，几乎所有时间都在摆弄自己的手机，整个聚会一点儿气氛都没有。一上菜，大家还齐刷刷地拍照传到微博上。至于吗？以后，聚会再这样，我就不参加了。”

专家认为，实际的生活是不需要每天接收大量信息的，用大量时间接触手机，这种生活习惯应该改变一下。坐地铁或是别的空闲时间，都可以用来读读书、看看报纸，不需要把时间都花在手机上。

9 剩男剩女

第一部分

听一听

热身

录音 54

一、听小对话，选择正确答案

1. 男：如果毕业以后不能留在上海工作，我担心我女朋友会跟我提出分手。

   女：你跟兰兰谈了这么长时间恋爱，她是什么样的人，难道你还不了解吗？

   问：从对话可以知道什么？

2. 女：我劝你就别犹豫了，全年级只有两个出国读研究生的名额，学校选上了你，这个机会可不能错过啊。

   男：可是我家里经济条件不好，我本来想一毕业就找工作。出国读书的话，还得向父母伸手要钱。

   问：下面哪一项与男的的情况相符？

3. 男：你把我们家乡想得太差了，我们那儿现在别说手机了，连网络都有了。

   女：真的吗？那你们家乡可算是发展得快的。

   问：下面哪一项与对话内容相符？

4. 女：贷款 30 年，100 万的房子得多付给银行好几十万，多不划算啊！

   男：现在贷款买房是再正常不过的事情了，再说，这样咱们不是可以提前好几年住上自己的房子吗？

   问：从对话可以知道什么？

5. 男：小强要实力有实力，要能力有能力，想跟他谈恋爱的女孩子排成了队，我真不明白你到底为什么看不上他呢。

   女：我的要求再简单不过了，我就要求对方对待感情态度认真。

   问：从对话可以知道什么？

6. 女：小梅二十六七了吧？还没有男朋友，我看她一点儿也不着急。

   男：别说小梅不着急，就连那几个三十来岁的女职员，也都还单身呢。我看我们公司快成了剩女俱乐部了。

   问：从对话可以知道什么？

7. 男：你们每天中午不休息，聊个不停，都聊什么？哪天我也跟你们一起聊聊。

   女：我们聊的都是柴米油盐的事，你们男人不感兴趣，还是算了吧。

   问：关于女的我们可以知道什么？

8. 女：小王要不是有他父亲的关系，怎么可能到政府部门工作？

   男：那你可冤枉小王了，他找工作的事我最清楚，人家可是凭实力进去的，并不是像你想象的那样。

   问：下面哪一项与小王的情况相符？

参考答案 1. C　2. B　3. A　4. C　5. D　6. D　7. B　8. A

录音 55

二、下面你将听到一句话，听后请做出恰当的应答

1. A：你女儿大了，有些家务可以交给她做，你身体不好，该休息，就休息。

   B：____________________（别说……，就连……都……）

2. A：你要是结婚，你父母肯定得给你一笔钱买房子吧？

   B：____________________（别说……，就连……都……）

3. A：医生今天给我检查后说我恢复得很好，不需要做手术了，您就放心吧。

   B：____________________（再……不过了）

4. A：我上星期去面试的那家进出口公司通知我被录取了，可我现在又犹豫了，你说我去那儿工作合适吗？

   B：____________________（再……不过了）

5. A：结什么婚啊？我觉得一个人过挺好。

   B：____________________（难道……吗？）

6. A：老王这个人完全不喜欢现代科技产品，你想找他就只能去他公司，或者去他家。

   B：____________________（难道……吗？）

录音 56

课文 你能跟我辛苦一辈子吗？

● 背景提示

“你能跟我辛苦一辈子吗？”你能想象这是一句求婚的话吗？现在一些年轻人对物质的要求越来越高，没房不嫁，没车不嫁，婚姻变成了交易。真希望能从越来越多的恋人口中听到这句求婚的话。

女：山口，我可以问一下，你有房吗？

男：没有。

女：现在很多中国女孩子要结婚的话，都要求男孩子有房子。你没房子，那你觉得你要是恋爱了，女孩子会不会对你提出这样的要求？

男：不会。结婚跟房子不能对立。不管你是 25 岁结婚，还是 30 岁结婚，你怎么可能保证你在结婚的那一刻就已经有房子了？这根本不现实。

女：你父母会给你钱买房吗？

男：他们不可能给我钱，我也不会伸手要。当时我上中学的学费都是向父母贷款的。

女：高中的学费也要向父母贷款吗？

男：这在日本是很正常的。

女：在中国，别说高中的学费不会贷，就连儿子以后出国留学的钱，父母都恨不得给孩子攒出来呢。

男：大学学费更得向父母贷，为什么呢？如果是去外地上大学，除了学费还要有租房子的费用，所以一般 70% 的钱是向父母借的。毕了业，有工作了，再慢慢还给他们。这在日本再正常不过了。

女：我有个问题，难道日本女性对物质就没有要求吗？她们会不会考虑到：哎，这个男生他没有经济条件养家，我不想嫁给他。难道没有人这么想吗？

男：当然有，谈恋爱实际上就是淘汰赛嘛！凭实力、凭魅力、凭智力，凭各种各样的能力。但是日本女孩子不太把房子、车子，或者家庭地位看作是第一位的。男人得说：“你能跟我辛苦一辈子吗？”女人就要这句话，这是一个固定的求婚方式，女人不需要对方说“我爱你”。

女：哦，这就意味着求婚了？可是我们一般了解的求婚都会说“我会照顾你一辈子”。

男：我想这是双方追求一种浪漫的、共同奋斗的过程吧。结了婚，才开始追求买房子的过程，但是如果你结婚的时候已经有房子了，你还追求什么？

女：这是柴米油盐的爱。如果有人问你：爱情和财富究竟哪个重要？你怎么回答？

男：我觉得爱情和财富不是对立的，是“鱼”和“熊掌”可以兼得的。

一、听课文，判断正误

参考答案 1. 对　2. 对　3. 错　4. 错　5. 错　6. 对　7. 对　8. 错

第二部分

听一听

录音 58

课文　相亲

● **背景提示**

现在剩男剩女越来越广泛地引起了社会的注意，于是就出现了各种形式的相亲活动，相亲也成了剩男剩女选择的一种认识异性的方式。

男：你去过上海的相亲角吗？你喜欢这种方式吗？

女：找对象是自然的事，不过现在都忙，生活的圈子也小，多接触接触也好。

男：你的态度有点儿出乎我的意料，我以为像你这样的白领女性会讨厌相亲的。

女：相亲和自由恋爱不应该对立起来。从小一块儿长大的也好，聚会上认识的也好，都是一种模式，都需要一个过程，我个人认为不应该评论相亲是好还是不好。

男：不过，去相亲角的很多是父母，有很多父母把儿女的基本情况写在一张大纸板上，比如年龄啊、学历啊、职业啊，甚至还有身高、体重等等，他们瞒着儿女去给他们找相匹配的对象。

女：因为父母比儿女更着急，不过，我可不希望我妈瞒着我去替我相亲。

男：冒昧地问一句：你今年多大？

女：二十六。

男：你觉得自己算剩女吗？

女：我现在还没有男朋友，按现在一般人的看法应该算是剩了吧，因为这时应该是有稳定的男朋友了。有些女孩到了这个年纪已经着急了。二十六岁是一个很敏感的年纪。“6”一旦变成“7”，似乎就要剩下了，周围的亲戚朋友都会给你压力，就会问你“怎么还没有男朋友啊？”“怎么还不结婚啊？”。

男：对，咱们中国人认为二十六七岁结婚，二十八岁生子，是最理想的。

女：人家都说，如果大学毕业你还没有男女朋友，你就“荒”了。我已经荒了。

男：我觉得你的心态挺好的，你荒不了。

女：哈哈哈，但愿如此吧。

一、听课文，判断正误

参考答案 1. 错　2. 对　3. 对　4. 错　5. 错　6. 对

10 婚姻家庭

第一部分

听一听

热身

录音 60

一、听小对话，选择正确答案

1. 男：去印尼呢，机会倒是个机会，可就是……一个人在外边待一年，要多无聊有多无聊，有点儿受不了。

   女：这个，你再想想吧，只有这么一个名额，公司是想派你去，过了这个村就没这个店了。

   问：女的是什么意思？

2. 女：真是让人大跌眼镜啊，真没想到，小李的表演这么精彩，这可是他第一次上这么大的节目啊！

   男：小李的成功也是水到渠成的事儿，你只知道这是他第一次上这么大的节目，你可不知道他在背后下的工夫。

   问：男的对小李的成功是什么态度？

3. 女：既然已经要离了，有些事总得商量清楚，别的我都无所谓，反正也没什么财产，我只要儿子。

   男：也没什么好商量的了吧。房子、存款都归你，儿子的事儿……没得商量。

   问：男的是什么意思？

4. 女：你留在这里干什么！这里要人没人，要设备没设备，随便去哪儿不比这儿强啊！

   男：你别看我这儿现在艰苦了点儿，不出三年，我一定能让它大变样！你等着吧，我一定会给你一个惊喜。

   问：男的是什么意思？

5. 男：我看啊，婚礼这事还是算了吧，花钱不说，费多少事啊，累死累活的，有什么必要啊？
   女：你还说呢，为这事我跟我妈都吵翻了，我知道你不想办，我也能理解你，我也无所谓，可是我妈那儿怎么办？你自己去说啊！
   问：对于办婚礼的事，下面哪一项与对话内容相符？
6. 女：刚结婚那会儿啊，日子过得紧巴巴的，可是一家人一起挺快乐的。再看看现在，儿子一个月也见不着你几次。
   男：我也想多在家待几天，可是由不得我啊。我这个总经理啊，什么都得听秘书的，哪有休息的时候啊？
   问：下面哪一项与对话内容相符？
7. 女：楼道里怎么这么多东西啊？
   男：对不起，对不起，我家里收拾东西，准备搬家呢。先在这儿放几天，真对不起。
   女：这可不行啊，这么多东西，一旦着火，麻烦就大了。
   问：男的为什么把东西放在楼道里？
8. 男：妈，您忙什么呢？
   女：你大姐说今天回来，天天在外边忙，好不容易回来一趟，这不得弄点儿吃的吗？
   男：您别张罗了，我大姐来电话了，说今天外商来考察，她得准备资料，回不来了。
   女：啊？也不早说，我这一桌子东西可怎么办啊？
   问：女的在忙什么？

参考答案 1. A　2. D　3. C　4. C　5. D　6. D　7. C　8. B

录音 61

二、下面你将听到一句话，听后请做出恰当的应答

1. A：您看，我现在真的没钱还您，我口袋里就剩一百块钱了。
   B：______________________（没得商量）
2. A：妈，您就放心吧，我都这么大了，就留学一年，没问题的。
   B：______________________（没得商量）
3. A：老师，我的论文下周交行吗？我这周真的没时间写。
   B：______________________（没得商量）
4. A：什么时候我们去上海旅游吧？
   B：______________________（要A没A，要B没B）

5. A：妈，您觉得小明怎么样？

B：____________（要A没A，要B没B）

6. A：你住的地方怎么样？

B：____________（要A没A，要B没B）

录音62

课 文 “裸婚”

● **背景提示**

在经济不景气的情况下，越来越多的年轻人选择了“裸婚”——没房、没车、没钻戒；不办婚礼、不照婚纱照、不度蜜月。两个人领个结婚证，这婚就算是结了。“裸婚”的流行，到底是一种时尚，还是一种无奈？

男：我觉得爱情是基础，房子是水到渠成的事情。爱情需要房子，可是房子也离不开爱情。年轻人嘛，可以先结了婚再说，至少那样心里踏实。房子以后还可以买，老婆可是过了这村就没这店了。

女：“半裸”我可以接受，“全裸”或许不行。汽车、钻戒、婚礼可以无所谓，房子是没得商量的。我很现实，因为在我的观念里，一旦结婚就意味着马上要生孩子，没有太多时间去攒钱了。我还是比较传统的一个人，“全裸”的话我接受不了，要房没房，要车没车，不像个家的样子啊。

男：可能在这个问题上，男的跟女的想法就是不一样。我的同事小刘跟女朋友是大学同学，谈了5年恋爱。毕业后都有了工作，开始计划未来，但是最后在房子的事情上吵起来了。其实他们收入已经不错了，两个人加起来每月有一万多块的收入。女孩儿看上一套房子，贷款的话每个月起码要还8000块。她觉得这样的日子过得太紧张，两个人就分手了。爱情在房子面前是那样的无力！

女：除了房子，婚礼这一套东西，其实我们女孩子也不一定就非有不可，选日子，订酒店……其实这些挺麻烦的。但是在很多老人眼里就不一样了，不办婚礼就不算结婚。

男：我是比较幸运的，我跟我老婆结婚的时候，租了个50多平米的房子，然后去旅行了七天，太有意思了。没有任何仪式，也不用去买那些一辈子只穿一次的礼服，省了很多钱。为了照顾到亲友，在我们旅行期间，父母张罗最亲的亲戚一起吃了个饭，算是告诉大家了。事实上，选择什么结婚方式，关键是看新人自己的认识。

女：有些事也是没有办法，由不得我们自己。对我来说，只要有个房子，其他都无所谓。可是父母和周围人就不同了，他们总觉得结婚一辈子就一次，怎么可以随便？总要给新娘子一次穿婚纱的机会呀。

男：有时候我也想，可能确实是委屈了妻子，虽然她什么也不说，可是在众人面前穿上美丽的婚纱，对于女孩子来说也许真的是一辈子的梦想吧……如果她愿意，以后再补上吧。

女：是啊，每个女孩子都希望有个安定而且浪漫的生活吧。可是现实情况是，结婚的花费越来越高。对于我们这些80后年轻人来说，选择“裸婚”更多的是出于无奈。那些把“裸婚”说成是时尚、说成是个性的说法，也是一种言不由衷的无奈吧。

二、听课文，判断正误

参考答案 1. 错　2. 错　3. 错　4. 错　5. 对　6. 对　7. 对

第二部分

听一听

录音 64

课文　“闪婚闪离”

● **背景提示**

“闪婚”是闪电式结婚的简称，从认识到结婚时间相当短，有的只认识一天就结婚。通常认为认识不到3个月结婚都算是闪婚。相应的，“闪离”的意思相信你一定能猜出来了。

近几年来，离婚率一再上升，离婚人群中，因感情不和闹离婚的年轻人占了多数，这类人群还处于不成熟阶段，结婚后生活中存在不少问题。“闪婚闪离”是这一人群最大的特点，互相了解不够就结婚，婚后发现性格、习惯等有矛盾，很快就离婚。另一方面，由于大部分年轻人都是独生子女，父母对儿女婚姻生活关注得过多，也成为双方产生矛盾的重要原因。

在一些婚姻登记处，工作人员告诉记者，很多年轻人仅仅因为生活小事吵架就离婚了。“去年8月，一对80后在登记结婚后的第3天就来办理离婚手续。两个人都是独生子女，可能都有点儿以自我为中心，但是也没有多大的矛盾，说离就离了，实在有些可惜。”工作人员分析，主要原因可能还是婚前了解不够，婚姻基础薄弱。据了解，在80后“闪离”的案例中，一些“闪离”原因让婚姻登记处的工作人员啼笑皆非：有因抢电视遥控器打架导致离婚的、有因睡觉习惯不同引起矛盾离婚的、有为先到谁家过年而离婚的，而且都非常坚决，根本没什么好调解的。

“闪婚闪离”让很多人对婚姻产生了怀疑，可以说，对社会影响是非常不好的。著名心理专家陈洪认为，一个人选择“闪婚”，是他的自由，但至少在做出这一决定的同时，要做好负起责任的准备。他认为男女双方从认识到结婚一般需要一年半的时间。

陈洪认为，“闪婚闪离”危害大，不仅会或多或少地使当事人“受伤”，还容易使当事人的家庭观念、婚姻观念淡薄，影响社会和谐，值得引起社会关注。

（改编自“闪婚闪离”80后婚姻告急，正北方网，2011年04月09日）

一、听课文，判断正误

参考答案 1. 对　2. 错　3. 对　4. 对

11 家庭琐事

第一部分

听一听

热 身

录音 66

一、听小对话，选择正确答案

1. 男：他们俩谈好了吗？

   女：别提了，他们自己说自己的道理，谁也说服不了谁。

   问：他们谈得怎么样？

2. 女：你中午也不回家吗？一起出去吃饭吧。

   男：自己吃自己的吧，我跟你吃不到一起。我这几天胃有毛病，只能喝粥。

   问：他们怎么吃饭？

3. 女：我们已经采取了各种方法，在各地办了展销，在电视上做了广告。

   男：办展销也好，做广告也好，只要销售量上不去，你们就没有完成任务。

   问：男的是什么意思？

4. 男：我这么大岁数了都能爬上去，你们还年轻，肯定没问题。

   女：小李他们都没问题，我可够戗，我爬楼梯都喘。你们上吧，我慢慢爬，走不动就不上了。

   问：女的是什么意思？

5. 女：这洗衣机还能修好吧？买新的要花不少钱呢。

   男：够戗，已经用了快十年了，也该让它退休了。没事，旧的不去，新的不来嘛。

   问：男的是什么意思？

6. 女：难道我说得不对吗？老张就是能力不够嘛。

男：你这个人啊，总是这么快人快语的。可是有时候这么说话真让人受不了。

问：下面哪一项是正确的？

7. 女：你怎么还没到办公室？

男：今天闹钟没响，起床晚了，刚出门。

女：客户都到了，你八点半必须到办公室。

男：八点半我怎么到得了啊？现在开车这么堵。

女：开车也好，坐地铁也好，八点半必须到。

问：下面哪一项是正确的？

8. 女：小张跟小丽两口子以前挺好的，怎么说离就离了呢？

男：我觉得小丽有点儿太敏感了，总是不放心小张。小张出去一会儿都要问这问那，这么唠叨，小张哪受得了啊？

女：也许是小丽太爱小张了吧！

问：小张跟小丽为什么离婚了？

参考答案 1. D　2. B　3. D　4. C　5. A　6. B　7. A　8. D

录音 67

二、下面你将听到一句话，听后请做出恰当的应答

1. A：你参加 HSK 考试吗？一起去报名吧。

B：______________（自己……自己的）

2. A：小明没和你一起来啊？

B：______________（自己……自己的）

3. A：老板，这个项目我和小张一起做行吗？

B：______________（自己……自己的）

4. A：你说我是该跟小张合作呢，还是该跟小李合作呢？

B：______________（A 也好，B 也好，只要……就……）

5. A：我现在在犹豫是坐飞机回家还是坐火车回家。

B：______________（A 也好，B 也好，只要……就……）

6. A：周日我去逛街，你呢？

B：______________（A 也好，B 也好，只要……就……）

录音68

课文　梅花鹿和狗

● **背景提示**

小刘和丈夫小张结婚快两年了，婚后小刘觉得丈夫变得越来越陌生。因为丈夫干什么事情都不和自己商量，要是问多了，他干脆就一个字也不说了。快人快语的小刘现在和丈夫一起待一天说的话也超不过三句。为此，他们找到了婚姻问题专家李先生。

刘女士：我就觉得好像他总是对我有那种防御心。举个简单的例子，他开车回来，他说回来的时候车上还带了两个人，我就问他是谁啊，他就烦了。就好像，有个圈儿把他围起来，里边是他的世界，我就在这个圈儿的外边。

专　家：那张先生，您怎么解释？

张先生：她需要进入的程度有点儿过于深了吧。你如果去外面和一个朋友吃饭，她就需要知道你是和谁出去的、什么时候去的、到什么地方、吃的什么菜，然后在场有几个男人、几个女人、什么时间结束的等等。

刘女士：我觉得没像他说的那么复杂。他要出去，我可能随口问一句“你上哪去啊？”，他说跟朋友吃饭，我就说“跟谁啊？”，这不就是很正常的夫妻之间的对话嘛？

专　家：我听说过一个笑话啊，说哥伦布如果结了婚，他还能不能发现新大陆？答案是“可能够戗”，因为他老婆在他临走的时候一定会问他：你跟谁一块去？到什么地方去？坐什么船去？船上有没有女人？可能就去不成了。

张先生：这样的问题很多，都是小事情，但是这些小事情可能会引起很大的麻烦、吵架。她好像过分敏感，她会翻你的东西，翻短信。

专　家：那小刘啊，我问你，就是说，一只梅花鹿和一只狗结婚的话，他们怎么能保持和睦呢？

刘女士：自己玩儿自己的。

专　家：但是它们天天在一块儿。

刘女士：那我就不清楚了。

专　家：其实很简单，就是梅花鹿把狗当狗，狗把梅花鹿当梅花鹿，这就不会吵架了。你想，如果狗把梅花鹿当成狗，梅花鹿肯定就不干了，它会想：我是吃草的啊，我不吃肉；如果梅花鹿把狗当梅花鹿会怎么样呢？它会说：你应该吃草。包括生活细节嘛，狗希望跟人在一块儿，梅花鹿却要躲着人，是不是这样？

刘女士：是。

专　家：对啊，一样的啊，你爱你先生，就要尊重他的习惯嘛。比如说手机是他的隐私，这个隐私不是说他有秘密，而是他的一种尊严，这是他作为梅花鹿的性格。你是狗这个角色，你有你的喜好，你喜欢跟你先生分享你快乐的东西。狗也好，梅花鹿也好，只要互相尊重对方的性格爱好，就能够很好地相处。

（改编自 CCTV《心理访谈》，结婚两年，夫妻咋成“熟悉的陌生人”）

一、听课文，选择正确答案

1. 夫妻俩为什么去找专家？
2. 下面哪一项与对话内容相符？
3. 丈夫为什么不愿意跟妻子说话？
4. 下面哪一项符合妻子的看法？
5. 专家讲哥伦布的笑话是为了说明什么？
6. 梅花鹿和狗的故事说明了什么？

参考答案 1. C 2. D 3. B 4. B 5. C 6. C

第二部分

听一听

录音 70

课文 **没领的工资**

● **背景提示**

如果你有了自己的家庭，你是选择继续工作还是放弃工作、照顾家庭？

王芳失业了，只好在家做家庭主妇。最近她很苦恼，她的丈夫李涛看出了她的烦恼，他会怎么做呢？

王芳：自从失业以来，我每天都在家洗衣做饭带孩子，生活过得没有一点儿意义。虽然以前的工作只有几百块钱工资，但是总比现在只花钱不挣钱好。

李涛：想开点儿，你可以换个方式看问题嘛。你这个星期洗了几次衣服啊？

王芳：你没见我天天洗啊？内衣裤一天洗一次，外套和睡裤隔天洗一次。

李涛：你这星期大概洗了多少件衣服？比如，内衣裤多少件，裙子多少条，上衣多少件，裤子多少条……

王芳：让我数数……全家人的内衣裤 28 套，睡衣睡裤 12 套；我的长裙子 3 条，上衣 1 件，短裙 1 条；婆婆、儿子和你的上衣共 9 件，裤子 9 条。除此之外，我还把所有的窗帘洗了一遍。

李涛：这是我们楼下洗衣店的"洗衣价目表"：短上衣 5 元一件，西裤 4 元一条，长裙 5 元一条，短裙 4 元一条，睡衣 5 元一套，内衣裤 3 元一套，窗帘 4 元一平方米。你算算看，这星期你挣了多少钱？

王芳：哎哟，居然超过了三百块呢！

李涛：何止啊，你再看看这个"家政服务价目表"：带 2 ~ 8 岁小孩 1000 ~ 1500 元 / 月，伺候老人兼做饭 800 元 / 月，定期清洁服务 180 元 / 月。

王芳：这么一算，我每月可以挣两千多块呢！

李涛：是啊，要不是家里有你，这些事情就得花钱请人做。你每月有两千多块工资没领呢，要我说呀，这可比原来的工作强！

王芳：你还真有两下子，听你这么一说，我为家人服务其实也是一种工作，真高兴自己"再就业"了！

（选自《没领的工资》，《女士》2010 年第 5 期）

一、听课文，判断正误

参考答案 1. 对　2. 对　3. 对　4. 错　5. 对　6. 错　7. 错　8. 对

12 未来生活

第一部分

听一听

热身

录音 72

一、听小对话，选择正确答案

1. 女：我想转到另一个学院学习，就去请办公室给我办转学手续。我都去了三趟了，手续还没办好，他们的工作效率真是太低了，真让人着急。

   男：对这点我也很不满，他们的工作真是该改进改进了。

   问：下面哪一项与对话内容相符？

2. 男：你和你丈夫工作都忙，下班晚，回家后再做饭，就太晚了。像你们这样的家庭最适合用高科技的厨房电器，上班前就预约做饭，回到家就可以吃上。

   女：我家已经用上了这样的电器，不过那也解决不了多大问题。

   问：从对话可以知道什么？

3. 女：无人驾驶汽车听起来就不靠谱。路上情况那么复杂，电脑程序设计得再好，也达不到人脑的水平。再说了，要是程序出了问题，那后果不堪设想。

   男：无人驾驶汽车只是代表汽车的发展水平，不可能用到生活中。

   问：对于无人驾驶汽车，他们没有提到哪一点？

4. 男：你跟我说小明有自己的想法，他不想上大学，就不要勉强他上。现在可倒好，他学也不上，工作也不找，整天在家待着玩儿游戏，对他现在这种情况，你怎么个解释法？

   女：你别太着急，对孩子要有耐心，说不定他现在正在寻找自己的方向呢。

   问：下面哪一项与对话内容不符？

5. 女：国家会议中心在哪儿？是原来的五洲大酒店吗？

男：国家会议中心不就是“鸟巢”西边的那个大楼吗？五洲大酒店现在叫国际会议中心。

问：下面哪一项与对话内容相符？

6. 男：你怎么突然对车感兴趣了？是不是看小华买车了，你也想买了？

女：才不是呢！小华说她买的是自动挡车，那辆车在高速公路上开的时候，可以设置成完全自动的，不需要踩油门也可以走。我只是想了解一下是怎么回事。

问：下面哪一项与女的的情况相符？

7. 女：今年是第一次在北方过冬天，北方的干燥气候真让我受不了，总想喝水，喝了水，也还是干。

男：你在家里放个加湿器吧，增加一下室内的湿度，会觉得好一些。

女：好吧，我这就去买一个。

问：对于女的说的情况怎么做可以改变？

8. 男：你刚学会开车，上路可要小心啊，现在道路这么拥堵，出点儿问题，后果不堪设想。

女：路上车多，正好开不快，慢慢开，不会有问题的。

问：下面哪一项与女的的情况相符？

参考答案 1. B　2. C　3. A　4. C　5. A　6. D　7. D　8. C

录音 73

二、下面你将听到一句话，听后请做出恰当的应答

1. A：你下载个微信吧，咱们以后聊天儿不仅方便，还免费。

B：____________________（怎么个……法？）

2. A：你不是要参加教师资格考试吗？快好好准备吧。

B：____________________（怎么个……法？）

3. A：今天天气不好，咱们别去爬山了。

B：____________________（不就是……吗？）

4. A：学校里边有咖啡屋吗？

B：____________________（不就是……吗？）

5. A：我今年 26 了，还没男朋友，你说我算不算是剩女？

B：____________________（才不是呢）

6. A：农村现在上网是不是还是特别不方便？

B：____________________（才不是呢）

录音 74

课文 你想要全自动化的生活吗？

● **背景提示**

要说现在的生活已经比过去舒适了很多、先进了很多，但是科学技术的研究成果让我们看到，还是有很多新鲜的东西可以使我们的生活变得更舒适、更美好。

男：你觉得理想的舒适生活状态应该是什么样的？

女：首先就是空气好、环境好、亲近自然，还有，要方便。

男：效率很重要，效率要高，对吧？

女：对，这是非常重要的。

男：你希望不希望家里用高科技产品？

女：现在不就是这样吗？电视可以遥控，空调可以遥控，还有可以遥控的冰箱。

男：如果有一种遥控技术可以让你在你开车回家之前，就用遥控器把家里的电器都打开，等你回到家时，饭菜都已经做好了，你想不想要？

女：真能这样是挺好的，可是万一断电了怎么办？

男：这种情况毕竟不常发生。你觉得现在家庭生活里有什么东西需要改进？

女：我觉得现在挺方便的，该有的电器设备都有了。

男：你可真是太容易满足了！其实还有很多你想不到的。我给你举个例子啊，现在有一种瓷砖，自己可以保持屋子恒湿。夏天它可以自动储存屋子里的水气，到了冬天屋子里干燥了，它会自动把湿气释放出来，像加湿器一样，不过这种瓷砖释放出的湿气会比加湿器更均衡。你觉得这种东西有必要吗？

女：有必要，特别是在干燥的北方。

男：我再问你，你的车是自动挡的还是手动挡？

女：自动挡。

男：我现在要给你介绍一种真正的自动汽车。

女：怎么个自动法？难道说不需要人驾驶了？

男：还真是这样。你上车后，只需要在程序里输入你的目的地，它就可以自动把你送到那里，路上它会自动躲避前方的障碍物，自动调整速度，自动显示道路的拥堵情况。

女：这听起来挺危险的，电脑程序要是出问题，那后果可是不堪设想。

男：你这个人顾虑太多了，都像你这样，科技就别发展了。

女：才不是呢，这正好督促研究人员把开发做得更好、更完善。

男：嗯，有道理。

（改编自 BTV 国际双行线，《舒适的生活》）

一、听课文，选择正确答案

1. 下面哪一项是他们都认为非常重要的？
2. 关于高科技产品，下面哪一项没有提到？
3. 男的说的保持房间恒湿的东西是什么？
4. 关于自动汽车的功能，下面哪一项没有提到？
5. 女的对高科技产品的态度说明什么？

参考答案 1. C　2. D　3. B　4. A　5. A

第二部分

听一听

录音 76

课文　向往“慢生活”

● **背景提示**

现在，人们生活的节奏越来越快，有的人觉得很充实，有的人觉得很烦躁，认为没有时间好好享受生活，你喜欢快生活还是慢生活？

男：今天中午又只有半个小时吃饭？你想吃什么呀？

女：半个小时能吃什么呀？还吃麦当劳呗。

男：要不就去楼下食堂吃？要是能给咱一个小时吃饭就好了，那就可以上对面餐厅吃去，天天吃麦当劳，我都吃得倒胃口了。

女：这样的生活什么时候是个头儿啊？什么都讲求快，讲求效率，就是不讲求我们的健康，紧张得我都快崩溃了。

男：我也好向往慢生活啊！每天下午，坐在窗边的沙发上，泡一杯茶，晒晒太阳，感受一下生活的美好，多好。

女：是呀，要是每天能再给我两小时就好了，那两个小时纯粹留给我休息。现在每天都有干不完的事，真是烦死了。

男：可不，我都多长时间没出去玩了？年假也休不了，周末还经常加班，想去打打球都没有精力，一到周末除了玩儿命补觉，什么也不想干。

女：我觉得我现在的生活一点儿幸福感都没有。前不久，还有个调查，问"你幸福吗？"，你说就像咱们这样每天工作、睡觉、睡觉、工作，能有什么幸福可言？

男：哎呀，聊了半天，时间都过去了，我看咱们今天什么也吃不了了，赶快回办公室上班去吧。

一、听课文，判断正误

参考答案 1. 错　2. 对　3. 对　4. 错　5. 对　6. 对　7. 错

复习三

听力部分

录音 77

一、听小对话，选择正确答案

1．男：坏了，我跟老李都没看见那个路口的标志。

女：别说是你们两个近视眼，就连小张都没看见，那个标志实在是……

问：他们为什么没看见路口的标志？

2．女：我真不明白小李是什么意思，他说他想换个工作环境，我就让他去上海的分公司，可是他又不愿意去。

男：他的意思再明白不过了，他就是想辞职。你们公司虽然待遇不错，可是啊，太辛苦了。

问：从对话可以知道什么？

3．男：这衣服我哪穿得了？穿成这样，出去还不让人笑话？

女：笑话什么？难道咱就不能穿年轻点儿？再说了，看看人家李明！

问：从对话可以知道什么？

4．女：老张可能快不行了，我上次去看他，他都不认识我了。

男：是啊，他连家人都认不出来了。

问：从对话可以知道什么？

5．男：每次出国都买这么多东西回来，家里都快放不下了，又没什么用。

女：嗨，喜欢就买呗，送人也好，当纪念品留着也好，反正花不了多少钱，多漂亮啊。

问：女的为什么买这些东西？

6．女：您的这部电视剧成为今年最火的节目，能说说您的感受吗？

男：我们这部电视剧投入很少，也没请什么大明星，虽然我们有信心，但是取得这么好的成绩还是出乎我们的意料。

问：男的是什么意思？

7. 男：小李也够倒霉的，刚开了个公司，第一笔生意就弄砸了，不但没赚着钱，还赔了不少。

女：小李啊，他是没遇到机会，一旦遇到机会，就大不一样了。

问：女的对小李有什么看法？

8. 男：这儿真热闹，修得太漂亮了！

女：是啊，今非昔比了。我刚搬到这儿的时候，要超市没超市，要医院没医院。想要看个病，得坐半个多小时的车。

问：从对话可以知道什么？

9. 女：明天的晚餐定在七点，没问题吧？

男：这可由不得我，得看老李的情况。

女：那我打电话问问老李。

男：也由不得他，谁知道飞机几点能到呢？

问：男的觉得晚餐的时间怎么决定？

10. 男：你看，我现在公司的情况就是这样，真的拿不出钱来还给您。

女：你公司的情况怎么样我不管，该还的钱总得还啊。

男：您看，咱再商量商量，就一个月，一个月以后我保证还给您。

女：时间没得商量，咱按合同办。

问：女的是什么意思？

11. 女：小明幼儿园的那个老师怎么样？

男：我今天去看了看，孩子们自己玩儿自己的，她可倒好，一个人在那儿玩儿手机。

问：小明幼儿园的老师怎么样？

12. 女：小明马上就要毕业了，你也不着急？他都找了半年工作了也没个结果。

男：着什么急？扫大街也好，当工人也好，只要能自食其力就行嘛。

女：你说得轻松，上了这么多年大学，扫大街？有你这样当爸爸的吗？

问：男的是什么意思？

13. 女：好久不见了，你好像胖了一点点？

男：何止啊，我们还是前年见过吧？那时候的衣服我现在可是都穿不上了。

问：男的是什么意思？

14. 女：我今天看李明打羽毛球了，真有两下子，张清都不是他的对手。

男：你没看过我打球吧？李明要是有两下子，那我就是有三下子。

问：男的是什么意思？

15. 男：你把手机给我，我明天就给你修好。

女：我才不给你呢，上次就说给我修电脑，结果修了一个星期，最后我还是找维修店才修好。

男：不就是个手机嘛，要是修不好，把我的换给你。

女：别，还是找维修店快一点儿。

问：女的为什么不让男的修手机？

16. 女：天儿太热了，这每天上班一个半小时，下班一个半小时，挤地铁，真是受不了！

男：我不也这样吗？我还天天加班呢。没办法，坚持一下吧。

女：要不，咱买个车吧。

男：别提买车，开车还不如坐地铁呢，路上得多走一个小时。

女：这日子什么时候是个头儿啊？

问：女的是什么语气？

17. 男：你不是喜欢看京剧吗？

女：这个戏我最喜欢了，可谁知道今天是她演的啊，真是倒胃口。

男：我觉得她演得挺好的，唱得挺好，表演也不错。

问：女的觉得今天的演出怎么样？

18. 男：王佳佳已经谈了几个对象了，不是嫌人家收入低，就是嫌人家长得不好，要不就是嫌人家不幽默，我看她快成剩女了。

女：谈恋爱本来就是淘汰赛嘛！不被淘汰就得凭实力，佳佳自己条件好，她对对方要求高也是可以理解的。

问：下面哪一项与王佳佳的情况相符？

19. 女：你每天就知道在外边玩儿，孩子这么大了，他学习的事情你管过吗？他学习怎么样你知道吗？

男：有你管不就行了？不就是陪他做做作业嘛！

女：做做作业，你说得倒简单。你不知道现在的孩子一天要学多少东西啊？下了课还得上辅导班，学校的作业，辅导班的作业，哪个不得管啊？

问：从对话可以知道什么？

20. 女：小明下午五点回来，你去机场接一下他吧。

男：今天啊？怎么不早说！我今天够戗，离五点就两个小时了，我还在开会呢，哪赶得到机场啊？

女：实在不行就请个假吧，孩子带的东西多，我怕他拿不了。

男：这样吧，你给小明打电话，让他在机场等我一会儿，我晚一点儿到。

问：从对话可以知道什么？

参考答案 1. C　2. C　3. A　4. D　5. D　6. D　7. C　8. D　9. A　10. C
11. A　12. D　13. C　14. C　15. D　16. A　17. D　18. D　19. A　20. B

录音 78

二、听短文，并口头概括

短文一　皮夹和手提包

如果我们把男人的皮夹和女人的手提包比较一下，就能最清晰地看出男人和女人面对世界的不同反应。男人会随身带着一个不大的皮夹，里面只装一些必需品：驾照、信用卡和现金；女人常带着一个比较大、沉重、漂亮的包。谁也弄不清女人的包里到底装了些什么，恐怕连她自己也未必知道。但有一点我们可以确定，她一定会带上所有可能用得上的东西，不论是个人需要或是别人会用得着的物品。

对女人来说，她的手提包就是最值得相信的朋友，而且是她重要的一部分。从女人的手提包可以看出，她几乎随时随地在为突然发生的一切事情做准备。

但有意思的是，当她被男人护送着去参加一个大型舞会时，她会把手提包放在家里，只带一个闪亮的小皮包——里面装着必需品。在这种情况下，她觉得今晚是属于她的。在男人的保护下，她不需要照顾任何人。她觉得今晚是如此的特殊，自己受到了如此的保护，也就不需要手提包给她带来安全感了。

（改编自约翰·格雷《男人来自火星，女人来自金星》）

短文二　没有婚礼就不结婚

我 19 岁在北美认识了我现在的男友。目前我们已经同居快六年了，我催他结婚也快三年了，可是每次提结婚这个话题，他都以自己没有稳定工作为借口，说现在不是结婚的时候。最近他终于被我说动了，答应结婚，可是人家要“裸婚”。他人挺好，只是这个“裸婚”的想法我实在无法接受，他不想要婚礼，只想登记。前几天我跟他说，如果再不结婚，我就回国，他说结婚可以，但是一定不办婚礼，我说那我就回国，他说你要回就回，我不会去找你，还说，真搞不懂为什么婚礼对你那么重要，不如把钱花在房子首付上。我觉得我们有条件负担婚礼，而且我答应可以出一半费用。他说他不想让父母负担一分钱，我说没问题，弄个简单的就可以了，我们自己负担得起。他又说不想让我花钱。我觉得对于女人来说，一辈子最重要的就是婚礼那一天，所以我还在坚持。

现在我们在冷战，我真的觉得我这么多年的青春白白浪费了，换来了这么一个结果。

我现在已经开始联系国内的工作了，我通过我现在公司的关系，联系到国内不错的一个贸易公司，机会挺大的，如果被聘用了，我就直接买机票，一个人搬回去。我没打算告诉他我现在做的事情，等我一切办好之后，买了机票，然后直接给他看机票吧。